电子商务职业细分化岗位导向型规划教材
编写委员会

主　任　邓清亮

副主任　周爱荣　梅士建

委　员　宋沛军　吕　梁　张歌凌　余根强　苏天保
　　　　娄广立　魏　鹏　齐英兰　武建周　郭子锋
　　　　侯冬玲　李大伟　白国祥　李进旭　李顺发

顾　问　于幸福　许志强

策　划　郑凯彬

电子商务职业细分化岗位导向型规划教材

搜索营销

【京慧越商学院　编】

主　编　张歌凌
副主编　郭子锋　王　威
编　委　贾　玮　刘　博

河南大学出版社
HENAN UNIVERSITY PRESS
·郑州·

内容简介

本书依托百度搜索引擎平台讲解搜索营销知识，借助百度营销大学开发的搜索营销实训软件系统进行营销方案制作效果评定。本书共九章，附加一套实训手册，理论实践紧密结合，能让读者快速掌握相关知识及操作技能。

《搜索营销》定位准确，教学内容结合学生学习实际及市场环境，深度适中，适合实际教学。本书覆盖了互联网营销全解析、搜索引擎营销概论、关键词广告原理、搜索引擎营销基础实训、搜索引擎营销实战进阶、搜索引擎营销方案设计、搜索引擎营销实战——进阶训练、搜索引擎营销效果评估及优化、移动搜索推广概论等知识技能点。

图书在版编目（CIP）数据

搜索营销 / 京慧越商学院编 . —郑州：河南大学出版社，2017.5
ISBN 978-7-5649-2856-8

Ⅰ.①搜… Ⅱ.①京… Ⅲ.①网络营销 Ⅳ.① F713.365.2

中国版本图书馆 CIP 数据核字 (2017) 第 110312 号

责任编辑	阮林要　付会娟
责任校对	张雪彩
助理校对	赵方超
整体设计	陈盛杰

出版发行	河南大学出版社
地　　址	郑州市郑东新区商务外环中华大厦 2401 号
邮　　编	450046
电　　话	0371-86059750　0371-86059701（营销部）
网　　址	www.hupress.com
印　　刷	郑州新海岸电脑彩色制印有限公司
版　　次	2018 年 9 月第 1 版　　印　次　2018 年 9 月第 1 次印刷
开　　本	787mm×1092mm 1/16　　印　张　15.25
字　　数	338 千字　　　　　　　　定　价　75.90 元

（本书如有印装质量问题，请与河南大学出版社营销部联系调换）

18世纪蒸汽机的出现和广泛使用引发了第一次工业革命，机器代替了手工劳动。19世纪电力的大规模应用造就了第二次工业革命。电力革命给人类社会带来了巨大的进步。从1986年中国发出第一封国际电子邮件开始，经过30年的发展，互联网在中国有了近8亿用户，相当于欧洲人口总量，渗透率近60%，互联网已经如电力般渗透到我们日常工作生活的每一个角落。随着互联网基础设施建设的不断完善、移动互联网终端的大量普及，政府鼓励互联网产业发展，中国互联网产业正在成为全球最大的经济体。

"互联网+"早已成为国家战略，在中国互联网过往30年的发展历程中，互联网与广告、零售、银行、通信等传统行业的结合，在造就百度、阿里巴巴、京东、腾讯等互联网优秀企业的同时，也为中国的经济转型升级提供了新路径和宝贵的经验。国家正在通过"一带一路"倡议，加强国际交流和对外贸易，大力推进跨境电子商务的发展，推动"中国制造"走向全球。在万物互联的新生态中，企业不再是社会经济活动的最小单位，个人才是社会经济活动的最小细胞，企业的经营模式正在进行深入的变革，快速理解和响应每一个细胞的需求和行为，甚至和每一个不同的人进行情感交流、产生共鸣才能在新的变革中立于不败之地。

随着互联网产业的快速发展，伴随着互联网长大的"90后""00后"逐步成为电子商务的参与者和实施者，全民电子商务近在眼前；电子商务产业在消费环境、资本环境和政策环境方面前景一片大好，当前中国正在经历供给政策改革和消费升级，电子商务是最有力的推手，作为市场的主体企业，拥抱互联网的方式正是电子商务未来的发展趋势。

（1）内贸平台电商。内贸平台电商以阿里系淘宝、天猫、阿里巴巴，京东系为代表，目前是大多数企业在参与的模式，在未来一段时间内还会继续存在。

（2）移动电商。移动电商是基于移动社交建立起来的电商体系，以社群为入口，以社交为信任背书，是电商当之无愧的主战场。

（3）跨境电商。跨境电商已然成为时代的主题，也是国家"一带一路"工作的重头戏，未来的电商一定是全球化的。

（4）产业电商。越来越多的供应链企业直接参与到产业电商的链条中，其中表现突出的

搜索营销

就是餐饮电商和旅游电商，主要表现形式为O2O（线上到线下）。

互联网正在重塑中国的经济生态，互联网与各行各业的深度跨界融合给以电子商务为代表的互联网产业人才培养带来了新的挑战，主要表现为岗位需求量大、复合型强、实操性高。

校企合作共建电子商务专业群，培养符合社会和行业需要的电子商务产业人才，是院校发展的必由之路。基于此，京慧越商学院发起成立了电子商务产教联盟，校企合作共同开发电子商务专业课程体系。课程体系包含专业教材、教学资源、实训平台、产业项目输出，四位一体共同培养复合型电子商务产业人才。

电子商务，电子是手段，是术；商务是本质，是道。在长期的电子商务产业人才培养过程中，我们发现电子商务专业首先还是要解决师生商务人的意识和理念问题，所以此套课程体系采用了独特的TOJ（training on job，在职培训）教学方法，从电子商务实际岗位出发，涵盖电商美工、电商客服、电商物流、网络营销、电商运营等岗位群，同时融合大数据、移动新媒体和跨境电子商务等主流电子商务新业态，分模块由浅入深进行实操学习。教材配套教学资源请发邮件至 server@jinghuiyue.com 进行联络索取。

本次课程体系开发得到了京慧越商学院40多所合作院校领导和电子商务专业老师的大力支持与帮助，我们在这里表示真诚的感谢！我们参考了国内外大量的图书杂志和网站资料，已在本书最后附上参考文献列表，有些在文中注明了出处，在此向有关作者表达我们诚挚的谢意！由于近年来互联网产业发展迅速，大量的新技术、新应用不断产生，加上编者水平有限，因此本书尚有遗漏、不足之处，恳请读者批评指正。希望这次校企共同开发的这一套院校电子商务职业细分化、岗位导向型规划教材对院校的师生学习电子商务专业技能有所帮助。

编著　郑州京慧越科技有限公司
旗下　京慧越商学院
2017年7月

第1章	互联网营销全解析	001
1.1	互联网营销方式起源	002
1.2	主要互联网营销方式剖析	006
1.3	百度互联网营销产品介绍	024

第2章	搜索引擎营销概论	045
2.1	搜索引擎工作原理	047
2.2	搜索引擎营销基本原理	051
2.3	搜索引擎营销的方式	056
2.4	百度推广的优势	057

第3章	关键词广告原理	061
3.1	展现与排名	062
3.2	关键词管理	067
3.3	创意管理	075

第4章	搜索引擎营销基础实训	079
4.1	账户结构及各层级功能设置	080
4.2	关键词层级功能设置	092
4.3	创意层级功能设置	098
4.4	营销工具介绍	103

搜索营销

第5章 搜索引擎营销实战进阶 115
5.1 质量度的分析及优化方法 116
5.2 附加创意 120
5.3 展现样式扩展 127

第6章 搜索引擎营销方案设计 145
6.1 方案制作思路及营销目标的确定 146
6.2 选词分析 159
6.3 创意表现 174
6.4 账户设置 181

第7章 搜索引擎营销实战——进阶训练 185
7.1 搜索推广方案上线流程 186

第8章 搜索引擎营销效果评估及优化 195
8.1 搜索引擎营销效果评估 196
8.2 账户内容优化 204

第9章 移动搜索推广概论 215
9.1 移动搜索推广 216
9.2 移动搜索推广全过程 220
9.3 案例分享 234

FIRST
01

第1章
互联网营销
全解析

※ 互联网营销方式起源
※ 主要互联网营销方式剖析
※ 百度互联网营销产品介绍

搜索营销

1.1 互联网营销方式起源

1.1.1 互联网营销方式

1. 第一个利用互联网赚钱的人

1994年4月12日,美国亚利桑那州一对从事移民签证咨询服务的律师夫妇Laurence Canter和Martha Siegel把一封"绿卡抽奖"的广告信发到可以联系到的每个新闻组。如图1-1所示,他们只花费了20美元的上网通信费用就吸引来25 000个客户,赚了10万美元。

图1-1

2. 网络营销诞生的标志

最早的网络广告:1994年10月27日,美国著名的*Wired*杂志推出了网络版的Hotwired(www.hotwired.com),其主页上开始有AT&T等14个客户的Banner(广告)。

中国的第一个商业性的网络广告出现在1997年3月,传播网站是ChinaByte(比特网),广告主是Intel(英特尔),广告表现形式为468×60像素的动画旗帜广告。

1.1.2 中国互联网营销发展历程

中国互联网营销发展历程分三个阶段:萌芽阶段(1997~2000年)、成长阶段(2001~2005年)、应用和发展阶段(2006年以后)。

1. 萌芽阶段

互联网营销特点如下:

（1）多种形式的网络营销被应用；

（2）上网人数和网站数量增速迅猛：上网人数增长36.3倍，www站点数增长176.9倍。

互联网营销相关事件：

1997年3月，在ChinaByte网站上出现了第一个商业性网络广告；

1998年2月，搜狐——中国人自己的搜索引擎上线；

1999年2月，腾讯正式推出即时通信软件"腾讯QQ"；

1999年9月，中国雅虎网站开通；

1999年9月，B2B（企业对企业）的网上贸易市场平台——阿里巴巴成立；

1999年9月，招商银行率先在国内全面启动"一网通"网上银行服务；

2000年1月1日，百度公司在中关村成立。

2. 成长阶段

互联网营销特点如下：

（1）互联网营销服务市场初步形成；

（2）企业网站建设发展迅速；

（3）互联网广告形式和应用不断发展；

（4）E-mail营销市场环境急待改善；

（5）搜索引擎营销向深层次发展；

（6）网上销售环境日趋成熟。

互联网营销相关事件：

2001年下半年，国内外的主要搜索引擎服务提供商陆续开始了收费登录服务；

2002年，中国最大的两家网络广告媒体——新浪和搜狐均取得了令人瞩目的业绩；

2003年春天，"SARS"打乱了正常的生活与商业活动，电子商务在这场灾难的特殊时期得到了长足发展；

2004年，O'Reilly（奥莱理）副总裁Dale Dougherty（戴尔·多尔蒂）提出Web 2.0概念；

2005年6月21日，发布百度知道——一个基于搜索的互动式知识问答分享平台。

3. 应用和发展阶段

互联网营销特点如下：

（1）网络营销服务市场继续快速增长，新型网络营销服务不断出现；

（2）企业网络营销的认识和需求层次提升；

（3）搜索引擎营销呈现专业化、产业化趋势；

（4）更多有价值的网络资源为企业网络营销提供了新的机会；

（5）网络营销服务市场直销与代理渠道模式并存；

（6）新型网络营销概念和方法受到关注。

互联网营销相关事件：

2006年6月21日，优酷网公测开始，定位为用户视频分享服务平台；

2008年4月21日，百度百科正式版发布；

2009年8月4日，校内网更名为人人网，社会上所有人都可以访问，从而跨出了校园内部这个范围；

2009年8月14日，新浪微博开始内测。

1.1.3 互联网营销方式分析模型

企业对各种网络营销渠道的使用率如图1-2所示。

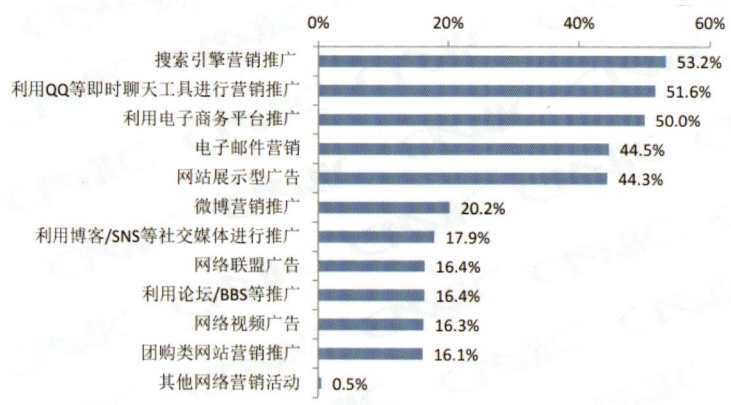

图1-2 企业对各种网络营销渠道的使用率

选择和分析各种互联网营销方式时，主要考虑两个方面。

（1）知己：己指企业，知己是指明确企业的营销目标、费用预算、人员要求、时间要求；

（2）知彼：彼指客户，知彼是指明确潜在客户是否有明确的特征、是否需要和客户交互、客户对产品的认知阶段。

互联网营销分析如图1-3所示。

企业

营销目标

品牌——企业的首要营销目标是推广产品或服务的品牌；

订单——企业的首要营销目标是获取订单。

费用预算

付费——企业的营销预算比较充足；

免费——企业的营销预算有限。

人员要求

专业——企业有专业网络营销人员或团队；

简单——企业没有专业的网络营销人员。

时间要求

长线——分阶段达成营销目标；

短期——希望达到短期营销目标。

客户

认知阶段

主动搜索——处于客户对产品或服务有一定认知后，引发兴趣阶段；

被动接触——处于客户对产品或服务不知晓，通过投放吸引关注阶段。

交互需求

需要互动——需要用互动方式与客户沟通，促成营销目标；

较少互动——不需要或很少需要与客户互动。

客户特征

特定人群——针对特定人群，进行精准营销；

广泛覆盖——针对广大受众，进行广泛覆盖。

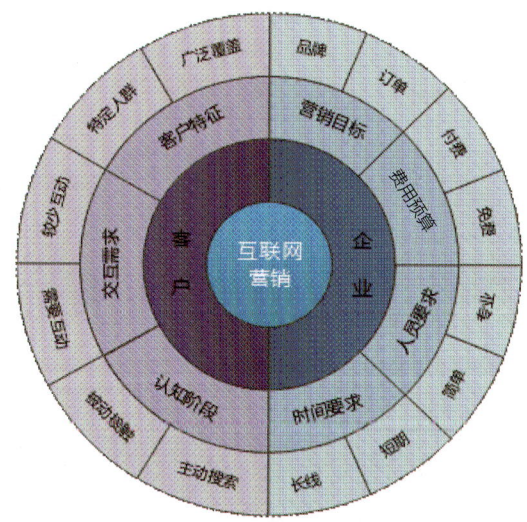

图1-3　互联网营销分析

搜索营销

1.2 主要互联网营销方式剖析

1.2.1 电子邮件营销

1. 电子邮件营销概述（EDM）

电子邮件营销即E-mail Direct Marketing，是指在用户事先许可的前提下，通过电子邮件的方式向目标用户传递有价值信息的一种网络营销手段。

CNNIC（中国互联网络信息中心，下同）：截至2012年12月底，中国邮件用户规模为2.5亿人。

案例

背景：2006年3月，新江南旅游公司"十一黄金周"旅游项目促销，他们将邮件营销作为重点策略。当时活动计划将上海作为试点，并且在营销预算方面比较谨慎，不打算大量投入广告。电子邮件营销效果和广告展示效果如图1-4和图1-5所示。

营销效果

公司网站日均访问量增加3倍

日均独立用户数量超过1000人，平时不到300人

日独立用户数量最高纪录达到1500多人

图1-4 电子邮件营销效果

图1-5 电子邮件广告展示效果

营销方式：

选择新浪上海站某电子周刊，该周刊订阅数量30万人次。新江南自2006年3月连续四周在该

电子周刊上投放营销信息,前两次以企业形象宣传为主,后两次针对公司新增旅游路线推广,定期向订阅用户发送邮件。

2. 电子邮件营销分析

电子邮件营销分析如图1-6所示。

企业

营销目标:品牌

费用预算:免费

人员要求:简单

时间要求:短期

客户

认知阶段:被动接触

交互需求:较少互动

客户特征:特定人群

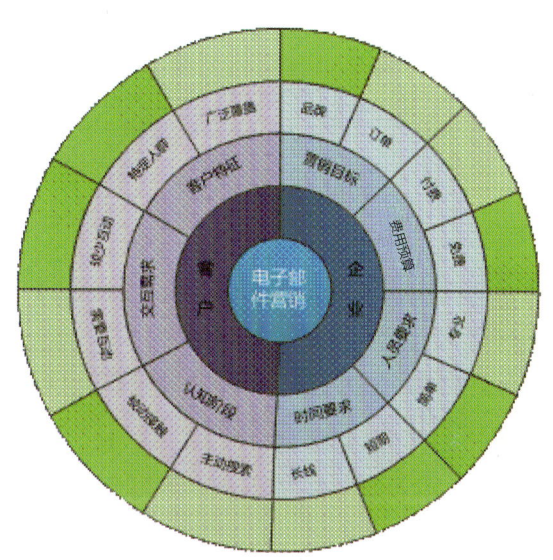

图1-6 电子邮件营销分析

1.2.2 网络展示广告

1. 网络展示广告概述

网络展示广告是指广告主利用一些受众密集或有特征的网站以图片、文字、动画、视频或者与网站内容相结合的方式传播自身的商业信息,并设置链接到某目的网页的过程,如图1-7所示。

图1-7 网络展示广告

投放平台:门户网站、邮件页面平台、博客网站平台、微博网站平台、SNS网站平台、网络视频网站平台……

投放平台占比如图1-8所示。

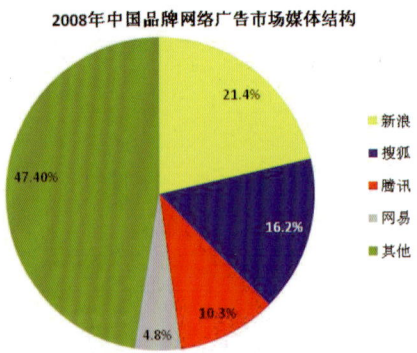

图1-8 投放平台占比

案例1

背景：1999年2月，宝洁公司为新产品PERTPLUS建立了专门的网站 www.pert.com，在网上推广。网络广告营销效果和展示效果如图1-9和图1-10所示。

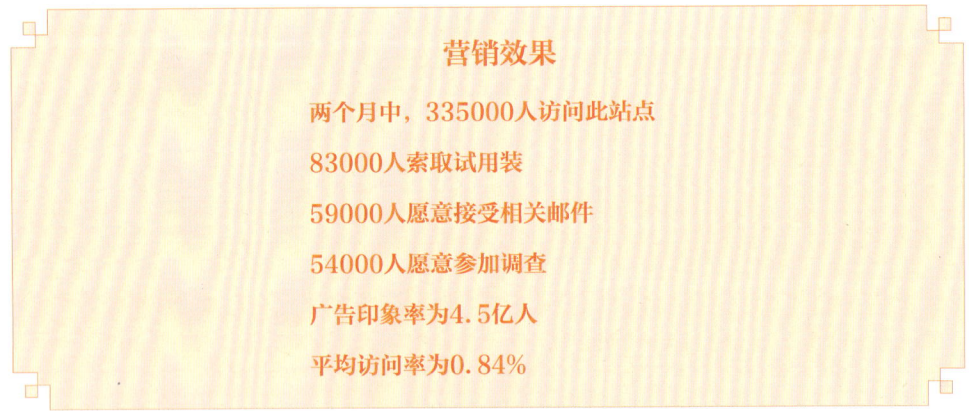

图1-9 网络广告营销效果

图1-10 网络广告展示效果

营销方式：

广告主不借助广告代理商，自己制作，自己建站，自行发布广告信息，这种营销模式代价最小。但是网民为什么去你的企业网站呢？往往需要依靠搜索引擎以及其他网站投放广告。

案例2

背景：第64届戛纳国际电影节(法国当地时间2010年5月12至23日)，客户期望通过搜狐平台的庞大用户群体和媒体影响力吸引更多人群关注欧莱雅产品。营销效果和展示效果如图1-11和图1-12所示。

营销效果

《黑色星期一》戛纳妆容回顾专题——上线时间为5月9日，在64届戛纳电影节开幕前两天上线，总浏览量达到256,142人次。

《达人戛纳妆容模仿》定制专题——上线时间为6月13日，在电影节的后期推出，深入解密明星妆容，利用口碑人群的影响力增强用户粘着度，该专题总浏览量达到261,235人次。

图1-11 营销效果

图1-12 案例展示效果

营销方式：

通过女人频道的戛纳妆容回顾专题提前引起关注，充分体现巴黎欧莱雅的品牌信息和代言人信息；通过娱乐频道的戛纳金典专题，着重宣传巴黎欧莱雅戛纳电影节盛况和欧莱雅的品牌信息；通过女人频道达人戛纳妆容模仿视频专题来回顾本届电影节上欧家明星的金色妆容，加深大众对系列产品的了解。

如图1-13至图1-17所示为网络展示广告。

图1-13

图1-14

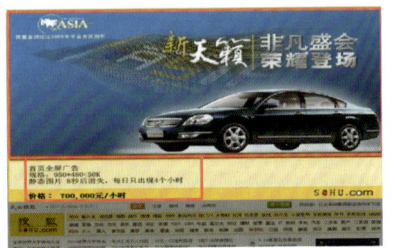

图1-15

图1-16

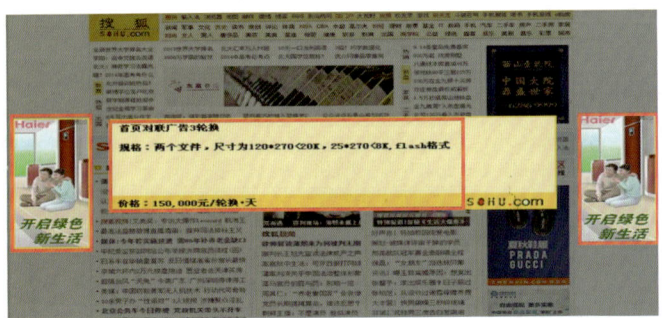

图1-17

2. 网络展示广告营销分析

网络展示广告营销分析如图1-18所示。

企业

营销目标：品牌

费用预算：付费

人员要求：简单

时间要求：短期

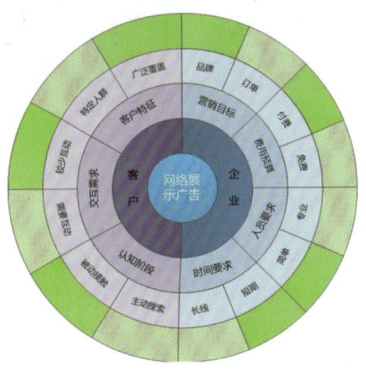

图1-18　网络展示广告营销分析

客户

认知阶段：被动接触

交互需求：较少互动

客户特征：广泛覆盖

1.2.3 网络联盟营销

1. 网络联盟营销概述

网络联盟营销就是网站展示广告的联盟，可以把广告投放到相应的行业网站上。当目标受众浏览联盟站点时，以固定、贴片、悬浮等形式呈现企业的推广信息。网络联盟网站类型如图1-19所示。

CNNIC：截至2012年12月底，中国网站数量为268万。

图1-19 网络联盟网站类型

案例

背景：北京汽车市场竞争非常激烈，不但有品牌和品牌之间的竞争，还有店与店之间的竞争。以前大多以投放平面广告、楼宇广告、车展广告为主，局限性比较大，覆盖面很小。联盟营销效果如图1-20所示。

搜索营销

> **营销效果**
>
> 咨询电话有60%是百度网盟推广带来的，销售量位居北京丰田4S店前列。百度网盟的形式多种多样，有文字链接、图片、Flash等，吸引顾客眼球，同时具有针对性。

图1-20　联盟营销效果

营销方式：

网络联盟投放，通过各种定向方式实现精准营销；物料多样化，有效体现产品卖点。

2. 网络联盟营销分析

网络联盟营销分析如图1-21所示。

企业

营销目标：品牌

费用预算：付费

人员要求：专业

时间要求：短期

客户

认知阶段：被动接触

交互需求：较少互动

客户特征：特定人群

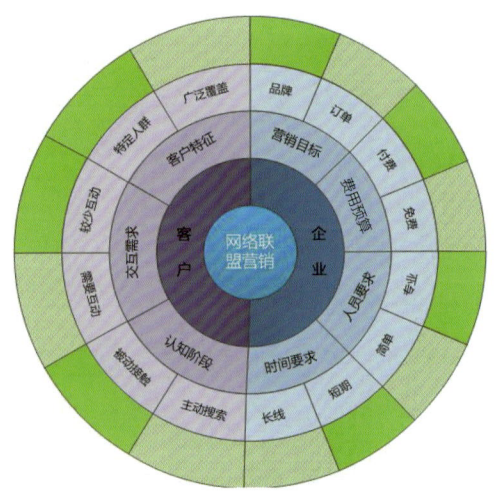

图1-21　网络联盟营销分析

1.2.4　IM营销

1. IM营销概述

IM营销全称即时通信（Instant Messaging）营销，是企业通过即时工具推广产品和品牌的一种手段。它有两种方式：在线交流和群组广告，比如：QQ、百度Hi、微信等，如图1-22所示。

图1-22　常见即时通信工具

登录某网站，右侧的在线客户按钮及弹出的即时咨询界面，如图1-23和图1-24所示。

图1-23　网站咨询页面

图1-24　24小时服务

案例

背景：耐克在2008年8月19日向全国各大报纸推出了其连夜赶制的"爱运动，即使它伤了你的心"公关广告。营销效果和展示效果如图1-25和图1-26所示。

> **营销效果**
>
> 借助了腾讯强大的QQ受众人群，通过即时通信工具，一个星期之内，仅直接参与"QQ爱墙祝福刘翔"的人数就达到了2万人，页面浏览量超过37万。

图1-25　IM营销效果

图1-26　营销展示效果

营销方式：

淡化刘翔退赛所带来的风险和公众压力，耐克的举措向世人表明，原来体育营销也可以走人文关怀的温情路线。

2. IM营销分析

IM营销分析如图1-27所示。

企业

营销目标：订单

费用预算：免费

人员要求：专业

时间要求：短期

客户

认知阶段：被动接触

交互需求：需要互动

客户特征：特定人群

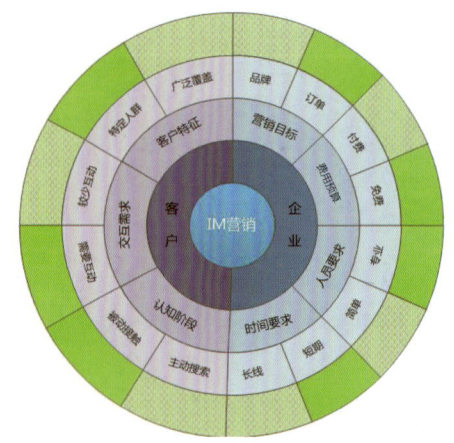

图1-27　IM营销分析

1.2.5　搜索引擎营销

1. 搜索引擎营销概述

搜索引擎营销：Search Engine Marketing，简称SEM，通过控制网站搜索结果的展现来满足特定搜索者的信息检索需求，并以此达成营销目的。

搜索引擎优化：Search Engine Optimization，简称SEO，是一种利用搜索引擎的搜索规则来提高目的网站在有关搜索引擎内的排名的方式。

在《CNNIC：2012年中小企业对各种互联网营销渠道的使用率》的统计中显示，搜索引擎营销占比53.2%，居各大营销方式之首。

搜索引擎营销就是基于搜索引擎平台的网络营销，利用人们对搜索引擎的依赖和使用习惯，在人们搜索信息的时候尽可能将企业的营销信息传递给目标客户，比如：百度、谷歌、360等。

举例：网民搜索"少儿英语"时出现的广告信息。百度搜索引擎和Google搜索引擎展示结果页面如图1-28和图1-29所示。

图1-28　百度搜索引擎展示结果页面

图1-29　Google搜索引擎展示结果页面

案例

背景：新东方教育科技集团，成立于1993年，中国首家美国上市教育企业，从2008年与百度尝试合作，营销效果如图1-30所示。

> **营销效果**
>
> 和百度进行了紧密的合作，特别是在百度专区。在过去的五年内，新东方的收入上涨6-7倍，招生人数由以前的50万扩展到250万人次左右。

图1-30　搜索引擎营销效果

营销方式：关键词投放，数据分析，效果优化。

2. 搜索引擎营销分析

搜索引擎营销分析如图1-31所示。

企业

营销目标：订单

费用预算：付费

人员要求：专业

时间要求：短期

客户

认知阶段：主动搜索

交互需求：较少互动

客户特征：特定人群

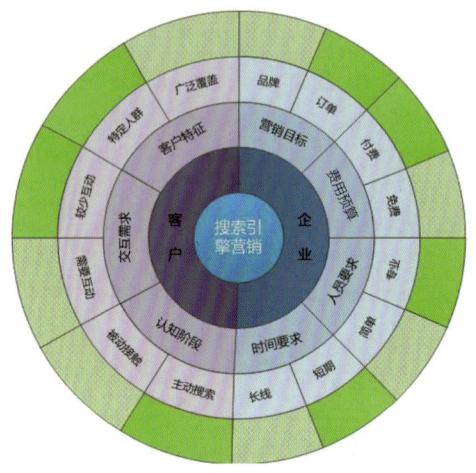

图1-31　搜索引擎营销分析

1.2.6　百科营销

1. 百科营销概述

百科营销是利用百科知识的传播建立企业的品牌和知名度的网络营销方法。对于网络营销来说，百科营销可以利用目标受众的关注度切入，精准覆盖有需人群，同时基于百科网站的权威性，可有效规避公众的商业防御心理，是一种创新的网络互动营销工具。常见百科类型如图1-32所示。

图1-32　常见百科类型

案例

背景：Prada（普拉达）是意大利奢侈品，近年来其品牌知名度在国内迅速升温。营销效果和展示效果如图1-33和图1-34所示。

营销效果

浏览次数：约 726476次

编辑次数：115次

最近更新：2天前（2013-4-24）

创建者：攀攀710

图1-33　百科营销效果

图1-34 普拉达百科营销展示效果

营销方式：

百科营销是一种建立企业品牌知名度的方法。对于网络营销来说，百科营销是比较新的一块。以百度为例，旗下百度百科在搜索引擎的权重较高，在百科中编辑词条能够帮助企业开展网络营销不言而喻。

2. 百科营销分析

百科营销分析如图1-35所示。

企业

营销目标：品牌

费用预算：免费

人员要求：简单

时间要求：长线

客户

认知阶段：主动搜索

交互要求：较少互动

客户特征：广泛覆盖

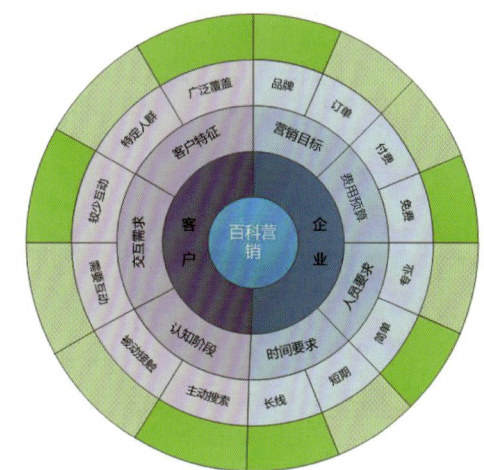

图1-35 百科营销分析

1.2.7 问答营销

1. 问答营销概述

问答营销是互动营销介于第三方口碑而创建的，既能与潜在消费者产生互动，又能植入商家广告，是做品牌口碑、互动营销不错的营销方式之一。常见问答平台如图1-36所示。

搜索营销

图1-36　常见问答平台

案例

背景：当下很多妈妈关心宝宝的补钙问题，也有很多人在论坛里提问，希望寻求帮助。武汉健民抓住机会，在推出龙牡壮骨冲剂期间，巧妙设计问答，取得了很好的效果。营销效果和展示效果如图1-37和图1-38所示。

营销效果

每天有30人到每天有300人留下手机号，同时还提供免费的电子书下载，电子书里自然会插入广告，高峰时期一个月超过1万次下载。

图1-37　问答营销效果

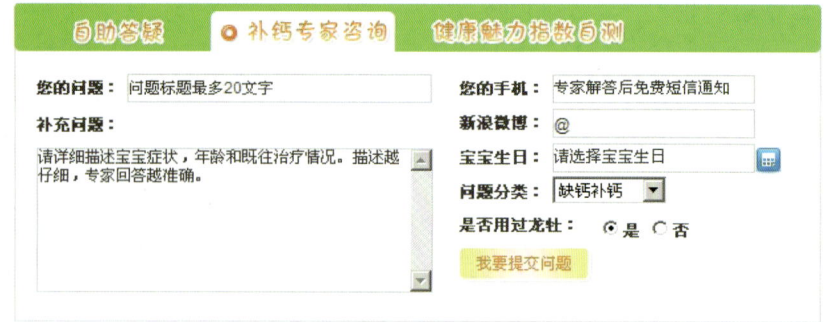

图1-38　问答营销展示效果

营销方式：巧妙设计，不留邮件，不用注册，只是留下手机号，可以得到免费的回复。

2. 问答营销分析

问答营销分析如图1-39所示。

企业

营销目标：品牌

费用预算：免费

人员要求：简单

时间要求：长线

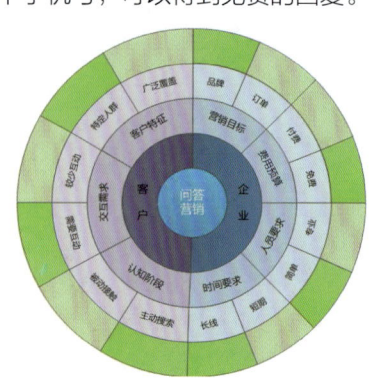

图1-39　问答营销分析

客户

认知阶段：主动搜索

交互需求：需要互动

客户特征：特定人群

1.2.8 博客营销

1．博客营销概述

博客营销是通过博客网站或博客论坛接触博客作者和浏览者，利用博客作者个人的知识、兴趣和生活体验等传播商品信息的营销活动。

CNNIC：截至2012年年底，中国博客/空间用户规模达到3.7亿人。

案例

背景：2007年6月13日，博洛尼沙发总经理蔡明在自己的博客上发起了"读蔡明博客抢总价值40万博洛尼真沙发"活动（"沙发"在网络上是"so fast"的谐音，是指对某一个帖子第一位回帖的人）。营销效果和展示效果如图1-40和图1-41所示。

> **营销效果**
>
> 短短半个月仅新浪博客阅读人数超24万人，整个活动期间博客流量超过500万，相当于对500万人进行了一次该品牌沙发的知名度宣传，当年该企业销售翻了三番。

图1-40　博客营销效果

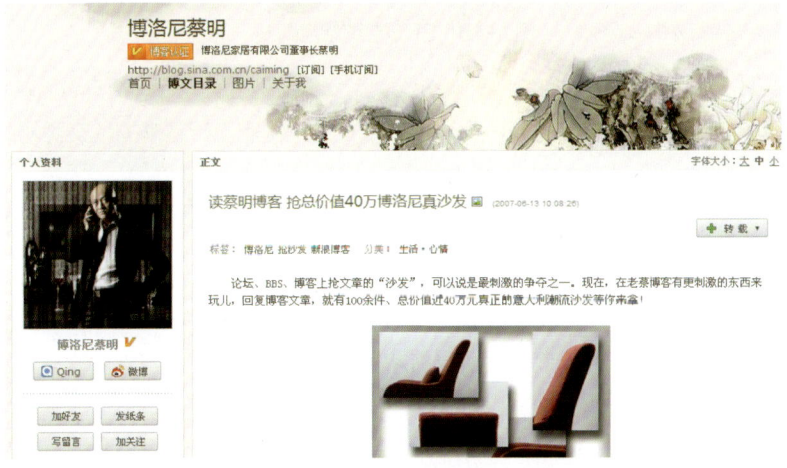

图1-41　博客营销展示效果

搜索营销

2. 博客营销分析

博客营销分析如图1-42所示。

企业

营销目标：品牌

费用预算：免费

人员要求：简单

时间要求：长线

客户

认知阶段：主动搜索

交互需求：需要互动

客户特征：特定人群

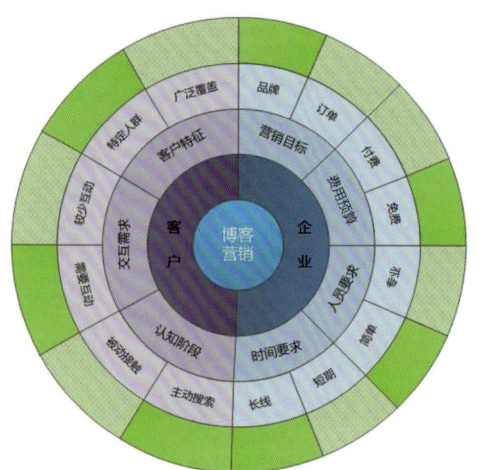

图1-42　博客营销分析

1.2.9　SNS营销

1. SNS营销概述

SNS全称Social Network Sites（社交网站），以人人网（校内网）、开心网、新浪微博等SNS平台为代表。SNS营销就是利用SNS网站的分享和共享功能，通过病毒式传播的手段，让产品被众多的人知道的一种营销模式。常用网站如图1-43所示。

CNNIC：截至2012年年底，中国社交网站用户规模达到2.7亿人。

图1-43　SNS营销常用网站

案例

背景：2008年6月，中粮找到了开心网，希望能在这个刚刚流行起来的社交类网站上投广告，2009年3月，开心网在页面上推出了一款新游戏——花园种植，在其中植入了种植"悦活"的广告。营销效果和展示效果如图1-44和图1-45所示。

> **营销效果**
>
> 两个月的时间，参与悦活种植大赛的人数达到2280万人次，悦活粉丝群的数量达到58万，游戏中送出虚拟果汁达102亿次。根据某咨询公司调研报告，悦活的品牌提及率短短两个月从零提高到了50%，品牌价值直线上升。

图1-44　SNS营销效果

图1-45　SNS营销展示效果

营销方式：2010年12月28日~2011年1月28日用户通过发布微博、邀请好友或从QQ农场商店购买的方式，得到悦活种子"悦活绿植娃娃"。在QQ农场种植，种子成功收获之后，即可进入抽奖环节，抽取悦活新年自然好礼。

2. SNS营销分析

SNS营销分析如图1-46所示。

企业

营销目标：品牌

费用预算：免费

人员要求：简单

时间要求：长线

客户

认知阶段：被动接触

交互需求：需要互动

客户特征：特定人群

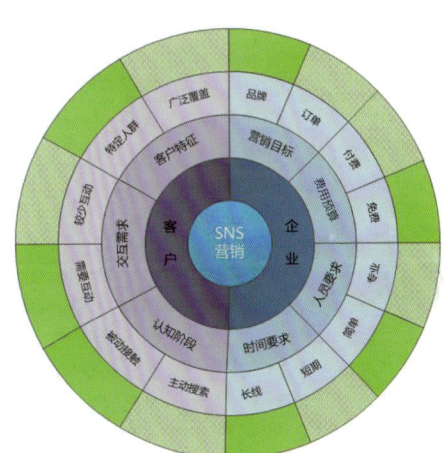

图1-46　SNS营销分析

1.2.10　网络视频营销

1. 网络视频营销概述

网络视频营销指的是企业将各种视频短片以各种形式放到互联网上，达到一定宣传目的的营销手段。网络视频广告的形式类似于电视视频短片，平台在互联网上。"视频"与"互联网"的结合，让这种创新营销形式具备了两者的优点。常用网站如图1-47所示。

CNNIC：截至2012年年底，中国网络视频用户规模达到3.7亿人。

搜索营销

图1-47 网络视频营销常用网站

案例

背景：2009年，一部《司马TA呀》的网络轻喜剧横空出世，司马TA 最早由联想扬天提出，所传达的是扬天V系列 "睿智工作 精彩生活"的理念。当年，司马TA已经成为扬天V系列的代名词，同时，通过娱乐事件的演绎，成功被复制到娱乐圈，成为白领生活的缩影。营销效果和展示效果如图1-48和图1-49所示。

营销效果

在《司马TA呀》刚播出4集时，累计观看人数达473万，在土豆、酷6等视频分享网站被网民观看近万次，百度搜索结果超过9万条

图1-48 网络视频营销效果

图1-49 《司马TA呀》网络视频展示效果

2. 网络视频营销分析

网络视频营销分析如图1-50所示。

企业

营销目标：品牌

费用预算：免费

人员要求：专业

时间要求：长线

客户

认知阶段：主动接触

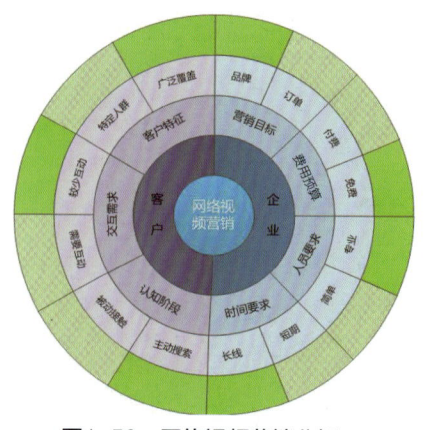

图1-50 网络视频营销分析

交互需求：较少互动

客户特征：广泛覆盖

3. 微博营销

微博，即微博客（MicroBlog）的简称，是一个基于用户关系信息分享、传播以及获取的平台，用户可以通过WEB、WAP等各种客户端组建个人社区，以140字左右的文字更新信息，并实现即时分享。微博营销，就是借助微博这一平台进行的包括品牌推广、活动策划、个人形象包装、产品宣传等一系列的营销活动。常用平台如图1-51所示。

CNNIC：截至2012年年底，中国微博用户规模达到3.09亿人。

图1-51　微博营销常用平台

案例

背景：小米公司由雷军创办，共计七名创始人。在iPone风靡的时代，国货小米于2010年开始研发。营销效果和展示效果如图1-52和图1-53所示。

营销效果

2011年8月16日，小米公司通过媒体沟通会正式发布小米手机；

2011年8月29日，发售600台工程机，同年10月20日，正式发售；

2012年度，出货719万台，销售额126亿元，一跃成为"中国的iPhone"。

图1-52　微博营销效果

图1-53　微博营销展示效果

搜索营销

营销方式：以微博为重要营销基地，迅速发展粉丝，并且发布小米最新信息，频繁与人气微博互动。

1.3　百度互联网营销产品介绍

百度产品如图1-54至图1-57所示。

图1-54

图1-55

图1-56

图1-57

美国西北大学教授整合营销之父唐·舒尔茨（Don E. Schultz，图1-58）说过：百度不仅仅是搜索，它还在每一个营销环节的关键时刻给消费者提供解决方案，这就是百度MOMENTS的独特之处。世界触手可及，你要接触世界。我认为百度MOMENTS概念与SIVA理论的结合，能给营销人员一种看待世界、看待自己生意的截然不同的角度和方法。

图1-58　唐·舒尔茨（Don E. Schultz）

百度商业产品发展大事记如图1-59所示。

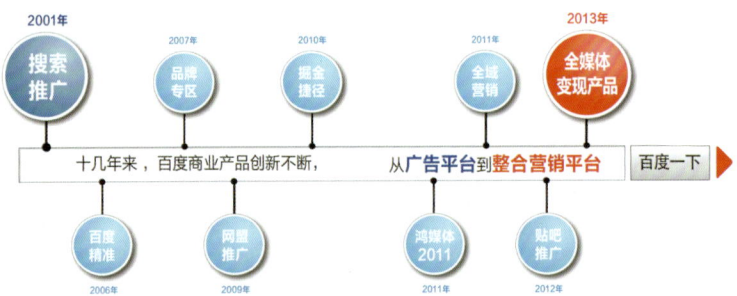

图1-59　百度商业产品发展

百度商业产品图谱如图1-60所示。

图1-60　百度商业产品图谱

1.3.1　关键词触发产品

关键词触发产品是借助百度最优势的关键字搜索技术，将与网民检索词相关的广告以各类不同的方式呈现给网民。关键词触发产品有以下几种：搜索推广、品牌专区、品专矩阵、品牌地标、SIVA地标、电商微购、商业知心。

1. 搜索推广

拦截多维度搜索需求，从通用词、人群词、竞品词、娱乐词等包围用户，按CPC（每次点击付费广告）售卖。首页左侧顶部广告位置、首页顶部+底部并带有浅色底纹广告位置如图1-61和图1-62所示。

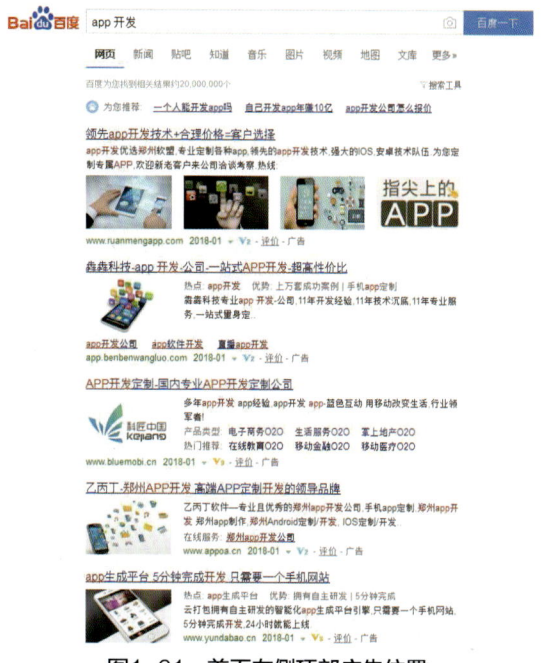

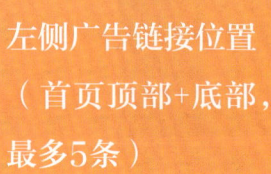

图1-61　首页左侧顶部广告位置

图1-62　首页顶部+底部并带有浅色底纹广告位置

搜索营销

如图1-63到图1-66所示，多种样式满足不同的推广需求。

蹊径子链

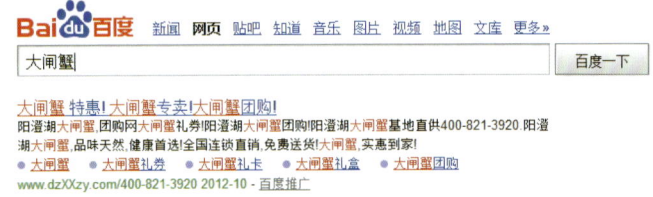

图1-63　蹊径子链

闪投图文

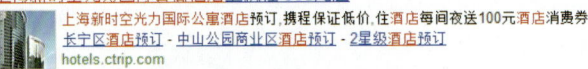

图1-64　闪投图文

微地标

图1-65　微地标

凤巢视频

图1-66　凤巢视频

产品特性：

覆盖面广，如图1-67所示。

针对性强：关键词锁定，通过地域、时间筛选，范围更准确。

按效果付费：无点击不计费。

图1-67　百度搜索覆盖区域

2. 品牌专区

拦截品牌核心用户，由品牌词、产品词触发，展现在首页首屏黄金位置，按CPT（用户使用时长或使用周期计费）售卖。示例如图1-68所示。

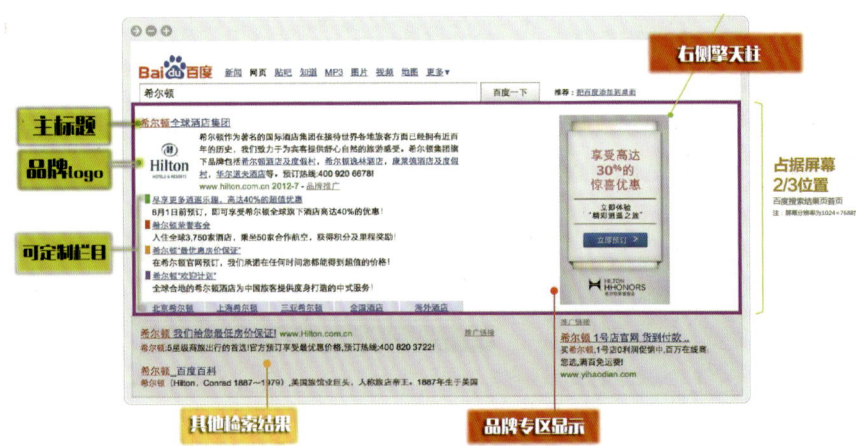

图1-68　品牌专区示例

品牌专区的展示方式有以下几种。

（1）标准样式：A：栏目+Button；B：栏目+表格；C：仅表格；D：仅栏目。

（2）高级样式：

图文系列：多Tab展示样式、图文展示样式；

互动体验系列：标准微博样式、快速入口样式；

视频系列：右侧视频样式、左侧视频样式；

图片示意展示样式；

搜索营销

纯色加冕系列。

（3）VIP（贵宾）定制样式，就是打破已有样式限制，基于广告主的品牌以及所在行业的需求，定制设计品牌专区独特的展示形式。

品牌专区标准样式如图1-69至图1-72所示。

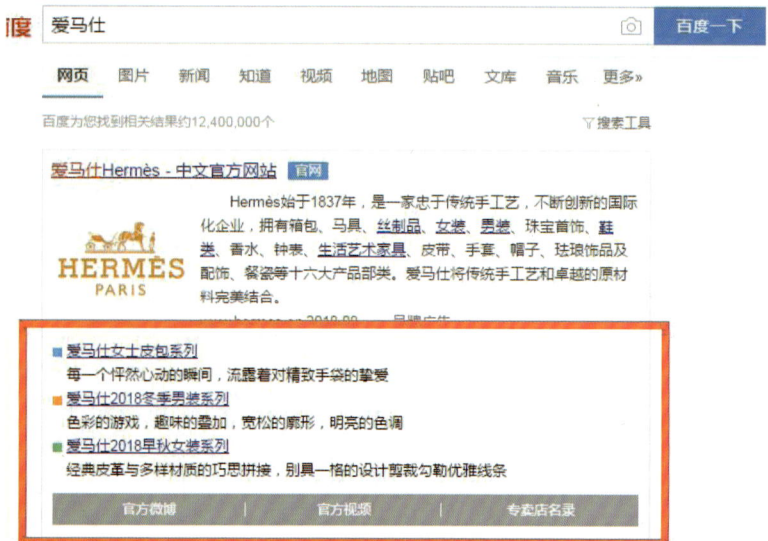

图1-69　A样式：栏目+Button

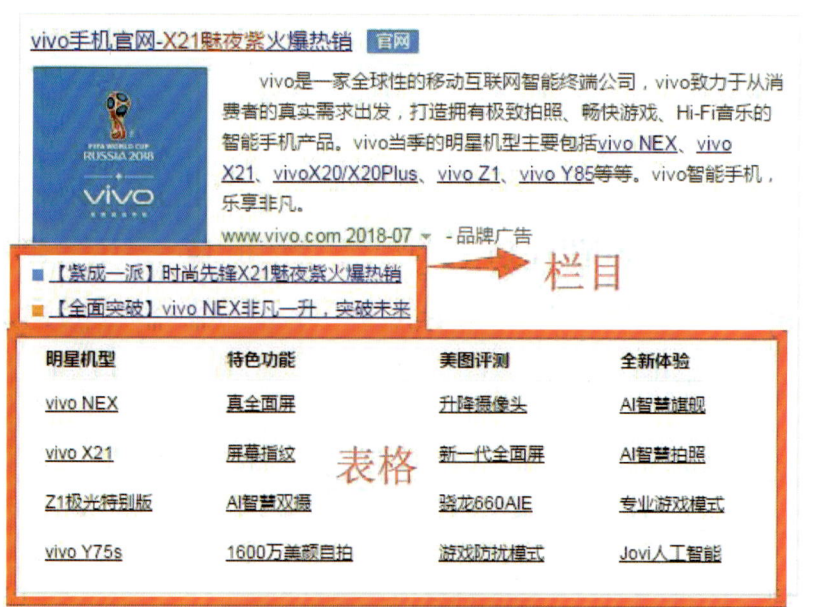

图1-70　B样式：栏目+表格

第1章 互联网营销全解析

图1-71　C样式：仅表格

图1-72　D样式：仅栏目

高级样式如图1-73至图1-77所示。

高级样式

图1-73　图文系列：多Tab展示样式、图文展示样式

搜索营销

图1-74 互动体验系列：标准微博样式、快速入口样式

图1-75 视频系列：右侧视频样式、左侧视频样式

第1章 互联网营销全解析

图1-76 图片示意展示样式

图1-77 纯色加冕系列

定制样式如图1-78至图1-82所示。

定制样式

图1-78

搜索营销

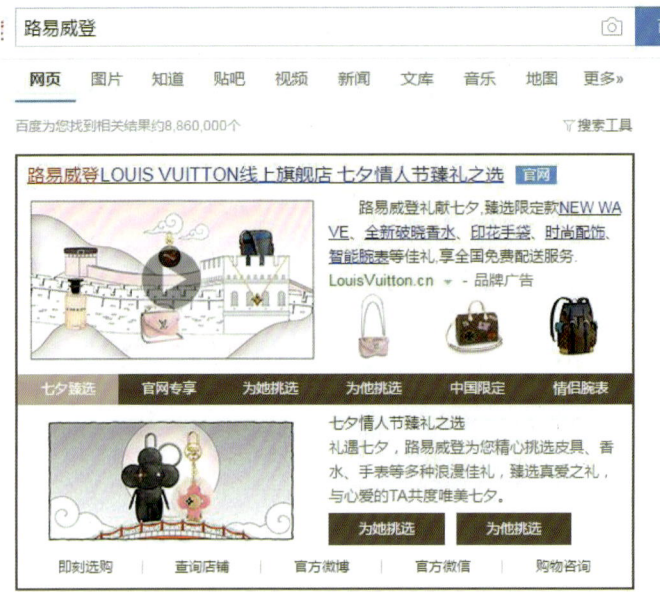

图1-79

图1-80

图1-81

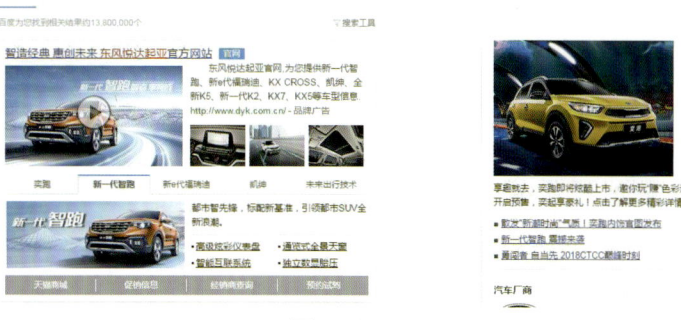

图1-82

品牌专区五大营销价值，如图1-83所示。

图1-83　品牌专区价值

3. 品专矩阵

品牌官方信息全平台包罗，实现大搜索与垂搜频道品牌专区的数据打通。品专浮动层如图1-84所示。

图1-84　品专浮动层

品专矩阵如图1-85所示。

图1-85　品专矩阵

4．品牌地标

品牌地标由行业词、通用词触发展现，多种样式满足不同需求，按CPT售卖。

特性如图1-86至图1-88所示。

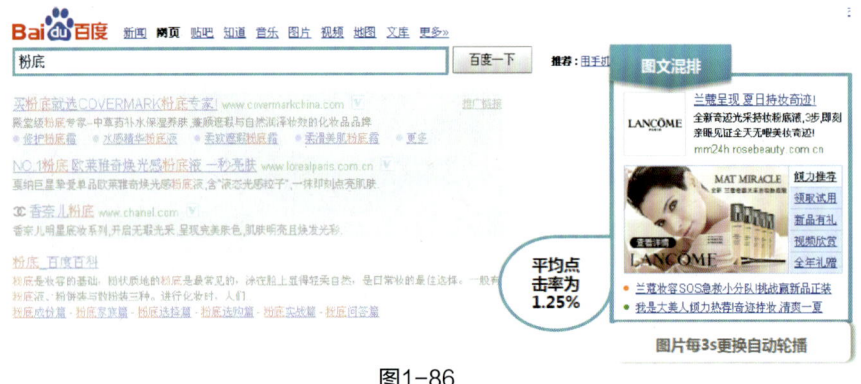

图1-86

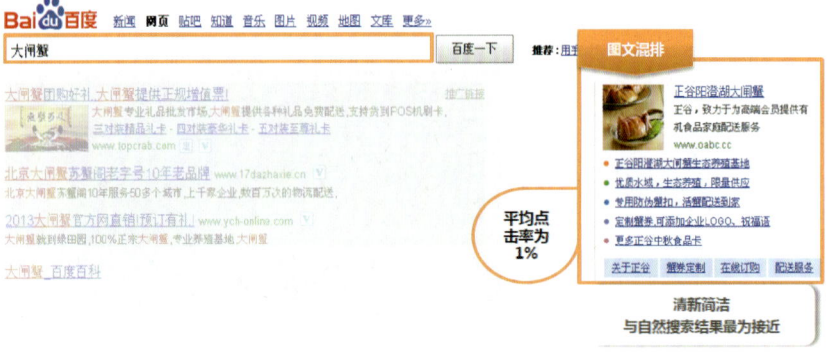

图1-87

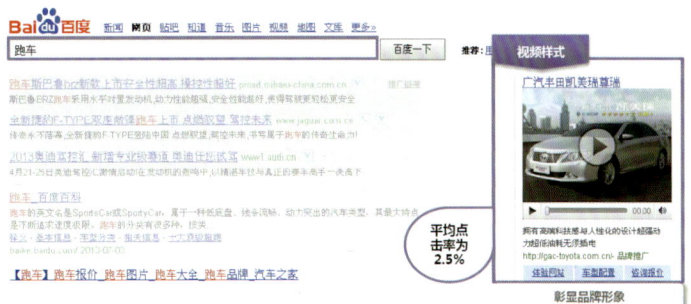

图1-88

目标人群影响范围扩大,如图1-89所示。

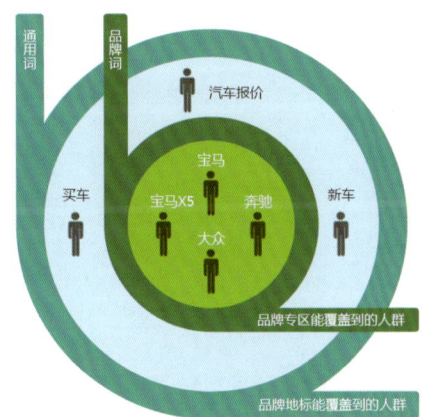

图1-89 目标人群影响范围

有效吸引用户注意,品牌关注度大幅提升,如图1-90所示。

满足通用词下展现需求的同时,提升品牌形象。

图1-90 有无品牌地标用户关注对比

搜索营销

品牌地标展示效果如图1-91所示。

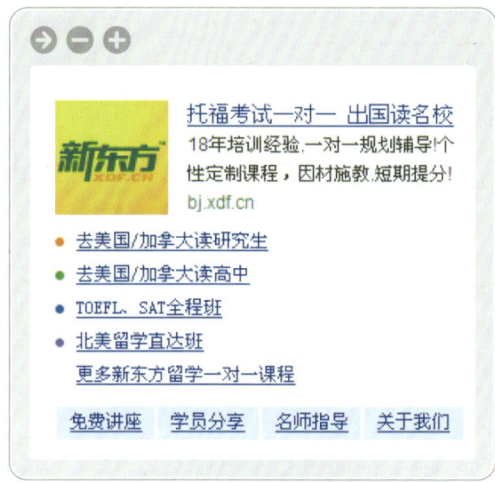

图1-91　品牌地标展示效果

在恰当的时间让搜索用户想起你，提升品牌联想，如图1-92所示。

图1-92

5. SIVA地标

SIVA地标由行业词、通用词、竞品词、人群词等触发展现,按CPC售卖。图文样式、视频样式和轮播样式如图1-93至图1-95所示。

图1-93 图文样式

图1-94 视频样式

图1-95 轮播样式

6. 电商微购

百度微购满足用户快速购物需求,与电商产品库、用户信息同步,如图1-96所示。

7. 商业知心

构建商业最小圈，暂仅对医疗、教育、游戏行业开放商业合作，如图1-97所示。

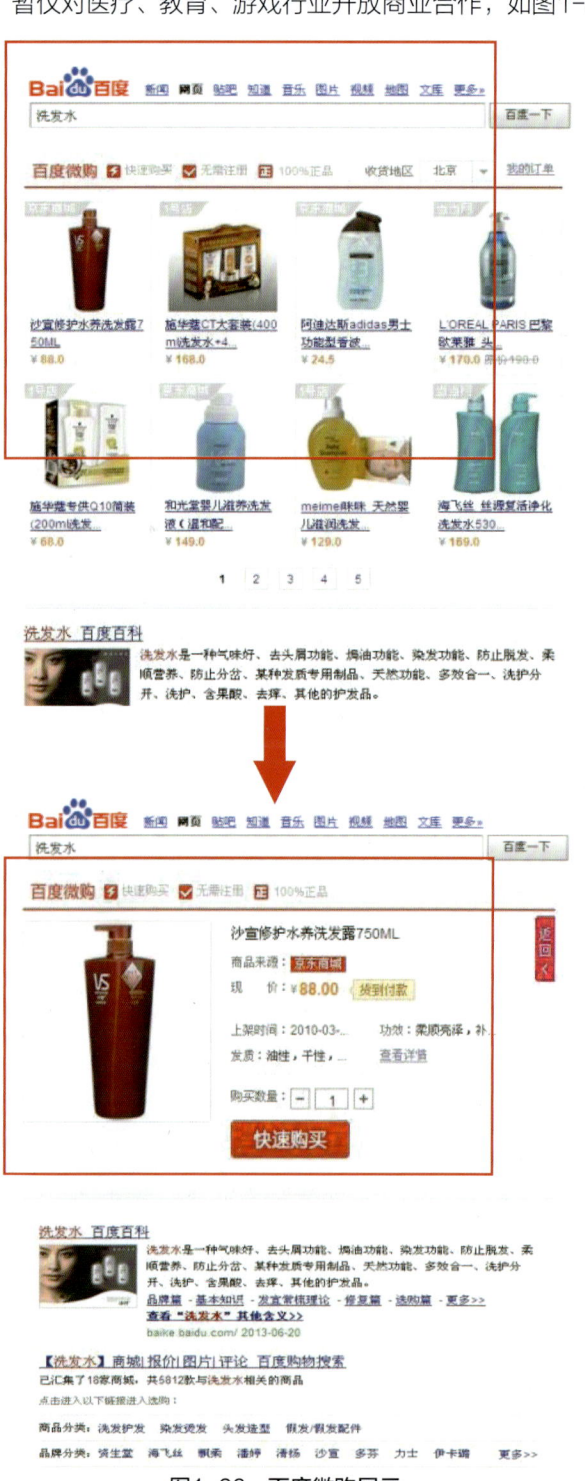

图1-96　百度微购展示

第1章 互联网营销全解析

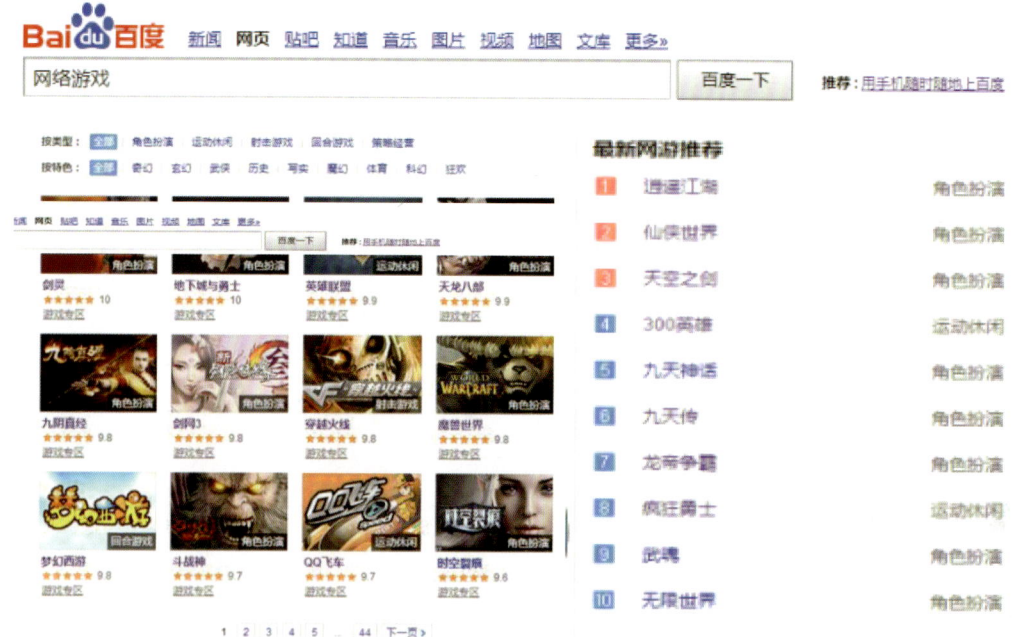

图1-97 商业知心

1.3.2 无线营销产品

无线营销产品包括无线搜索推广,如图1-98至图1-100所示。

图1-98

搜索营销

图1-99

图1-100

无线品牌专区如图1-101至图1-103所示。

图1-101

图1-102

图1-103

无线App如图1-104至图1-105所示。

图1-104

覆盖各类Apps

最全数据库

图1-105

无线应用推广如图1-106所示。

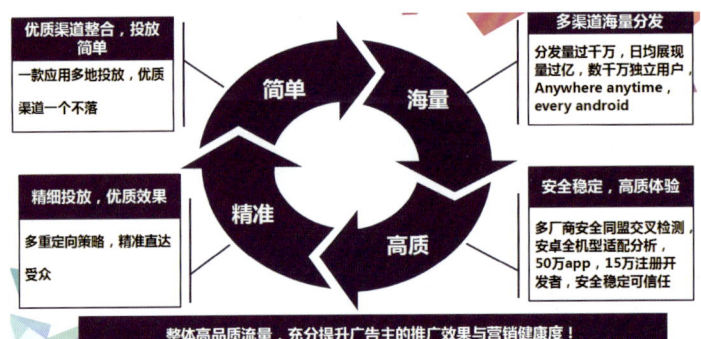

图1-106　无线应用推广

无线轻应用如图1-107所示。

图1-107　无线轻应用

SECOND
02

第2章
搜索引擎营销概论

※ 搜索引擎工作原理
※ 搜索引擎营销基本原理
※ 搜索引擎营销的方式
※ 百度推广的优势

搜索营销

2011年"盐荒"事件，用户的关注度猛增，如图2-1和图2-2所示。

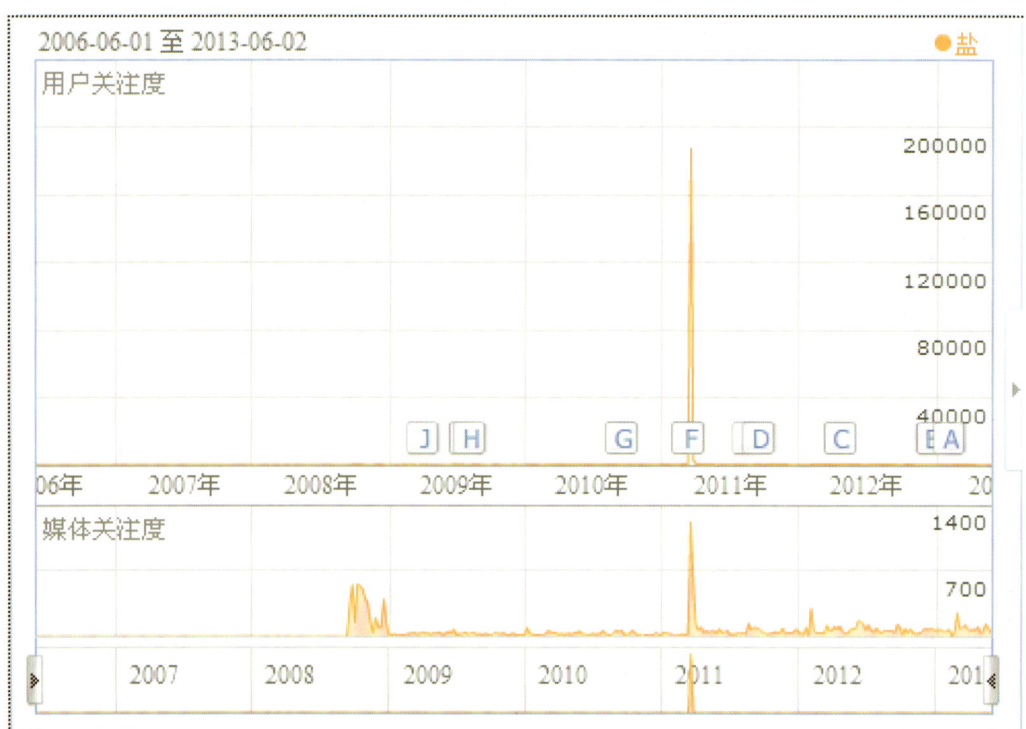

图2-1　用户关注度

图2-2　2011年"盐荒"

2.1 搜索引擎工作原理

搜索引擎发展史如图2-3所示。

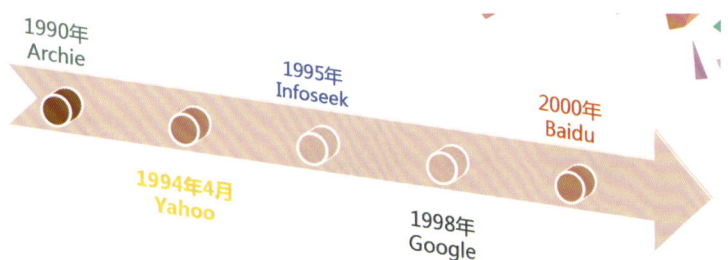

图2-3　搜索引擎发展史

搜索引擎工作原理如图2-4所示。

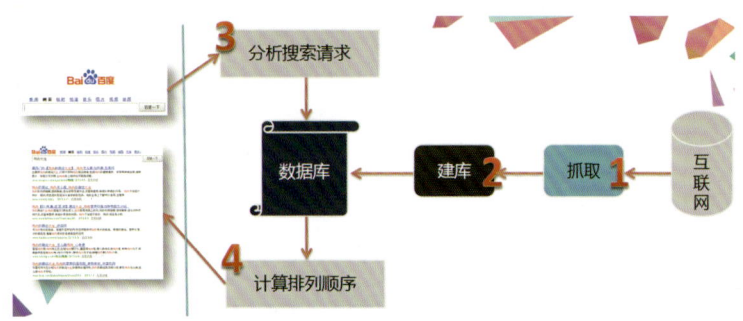

图2-4　搜索引擎工作原理

1. 网页抓取Web Crawler（Web Spider）（图2-5）

图2-5　网页蜘蛛

如何抓取网页？如图2-6所示。

顺着链接找到下一个链接，将抓取的文件存入数据库，并且会定期更新。

搜索营销

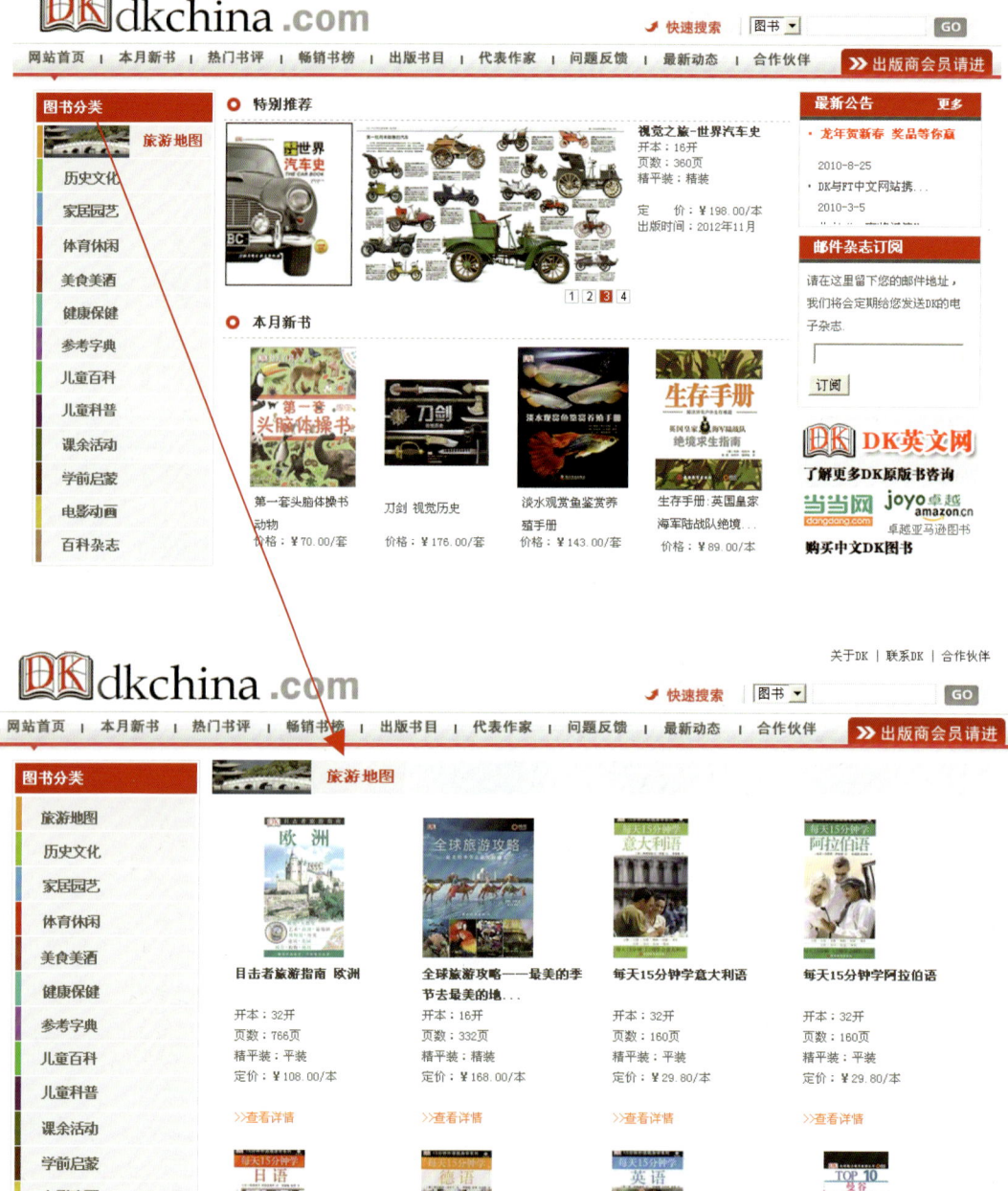

图2-6 网页抓取

2. 搜索引擎

如何建立数据库？如图2-7所示。

对抓取的网页分解及分析，记录网页及关键词等信息，以表格形式储存。

给这个网页分配编号：7222

```
<td width="27%" align="left" valign="top" style="line-height:140%;"><span class="1
?952&pref=hot" target="_blank">视觉之旅-世界汽车史</a></span><br />
        <div style="height:100px; overflow:hidden">开本：16开  <BR>
:p;<BR>

                          定    价：￥198.00/本
                    <br/>出版时间：2012年11月</div></td>
```

提取网页所有的文本并进行分析

关键词	包含关键词的文件编号
世界汽车史	7222，8222，9222，……
关键词2	7222，1222，3222，……
关键词3	7222，4222，6222，……

文件	URL	标题	描述
7221	www.123.com	某基金	是……
7222	www.dkchina.com	DK中国网站	商品名称：DK……

图2-7　数据库的建立

"蜘蛛"如何工作？如图2-8所示。

图2-8 "蜘蛛"工作流程

3. 分析搜索请求

如何从数据库中筛选结果？如图2-9所示。

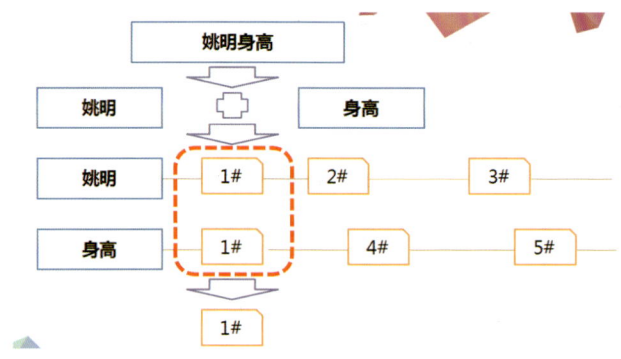

图2-9 数据筛选

什么样的网站能更好地被抓取？

有合理结构的网站：网站应该有清晰的结构和明晰的导航，一个扁平的树型网状结构的网站可以使搜索引擎从主页开始顺着链接找到所有的页面，如图2-10所示。

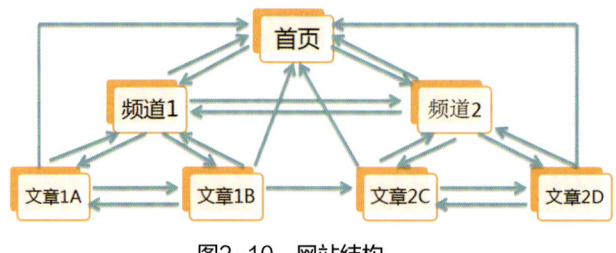

图2-10 网站结构

有可读信息的网站，如图2-11所示。

网站的重要内容要更多地使用文字而不是图片、FLASH等非文本内容，若使用图片则需加说明文字，因为搜索引擎无法理解图片等非文本内容的含义。

 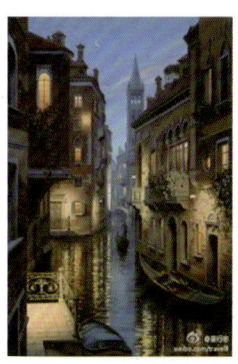  

图2-11　可读信息

2.2　搜索引擎营销基本原理

令中小型企业头疼的是什么？如图2-12所示。

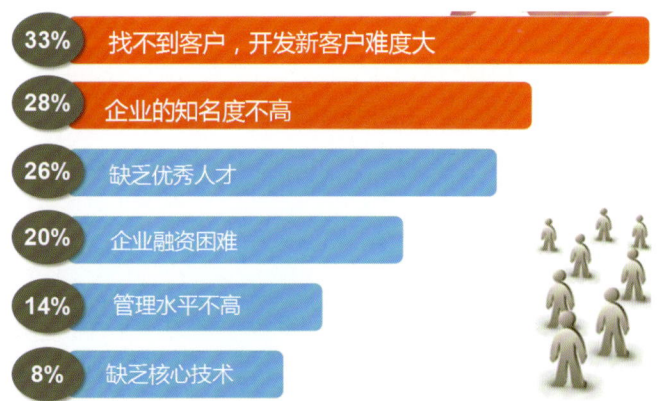

图2-12　中小型企业问题

设想一个场景：

当你在一个聚会中，偶然听到一个消息、看到一个广告或某个商品时；

当你出于工作和生活需要，想要了解某项产品或服务或供货商时；

当你不知道怎么办时，你会通过什么渠道或方式去获取信息？如图2-13和图2-14所示。

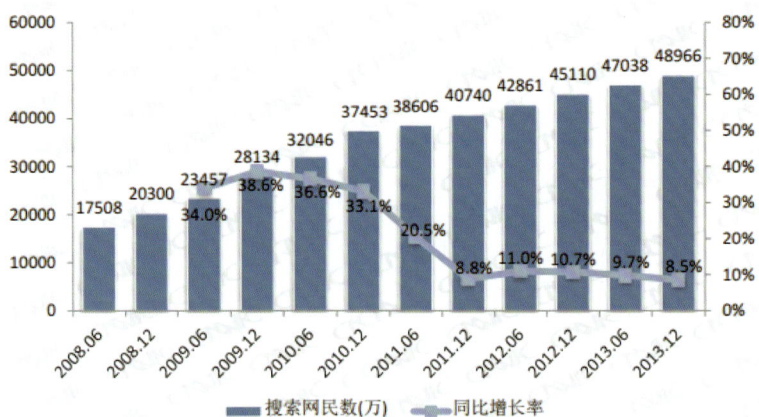

图2-13　中国历年搜索引擎用户规模和增长率

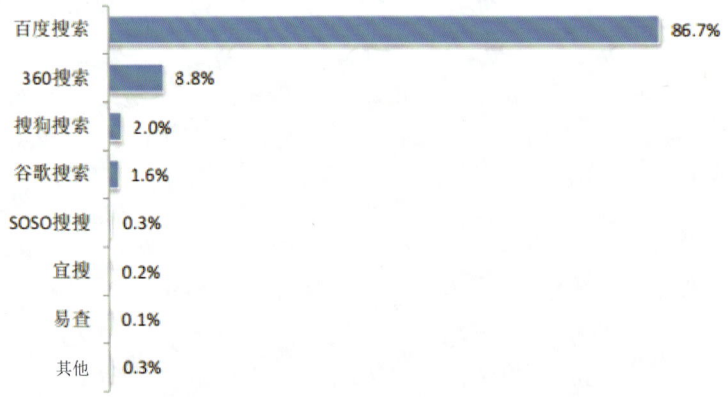

图2-14　主要搜索引擎搜索网民首选率

有问题，百度一下，已经成为人们日常生活的习惯之一。搜索引擎大数据如图2-15所示。

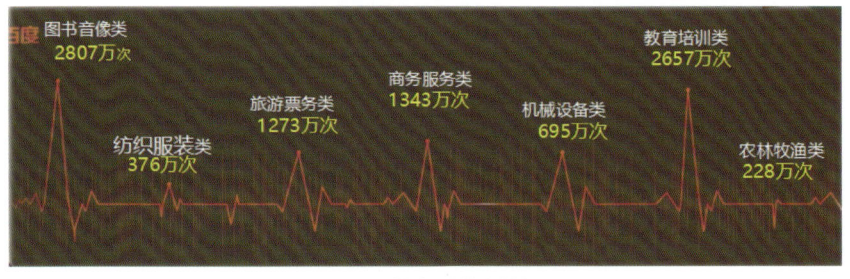

图2-15　搜索引擎大数据

"零电视家庭"暴增：根据调研机构数据，2008年北京地区电视的开机率为70％，2010年，这个数字已经下降到30％。

美国市场研究公司尼尔森发现，全美大约500万家庭彻底抛弃了传统电视，转而使用PC（计算机，下同）、智能手机或者平板电脑，被称为"零电视家庭"。"零电视家庭"中有一半家庭的人员年龄小于35岁，"零电视家庭"几乎都转向了互联网。

如图2-16所示，展示的是美国工业企业寻找产品供应商的渠道。

采购渠道	被调查者百分比
搜索引擎	52.5%
行业在线分类目录	21%
同事介绍	14%
制造商的销售电话	5%
贸易杂志	3%
直邮或E-mail	2%
内部系统	2%
印刷目录	1%

图2-16　美国工业企业寻找产品供应商的渠道

2.2.1　消费者做出决策

消费者决定何时、何地购买何种商品，营销人员必须及时响应以帮助消费者达成目标。

消费者购买过程的变化，如图2-17至图2-19所示。

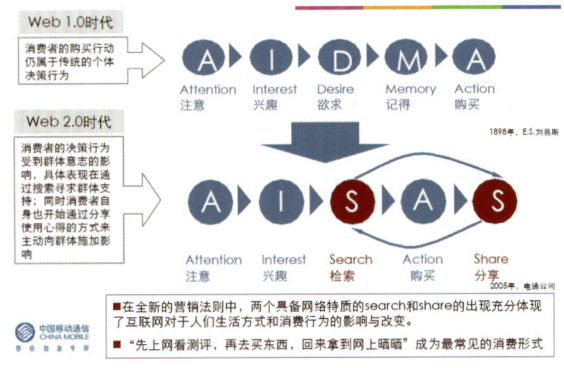

图2-17　消费者购买过程的变化

图2-18　消费者购买过程的变化

搜索营销

图2-19 消费者购买过程的变化

消费者购买行为路径，如图2-20所示。

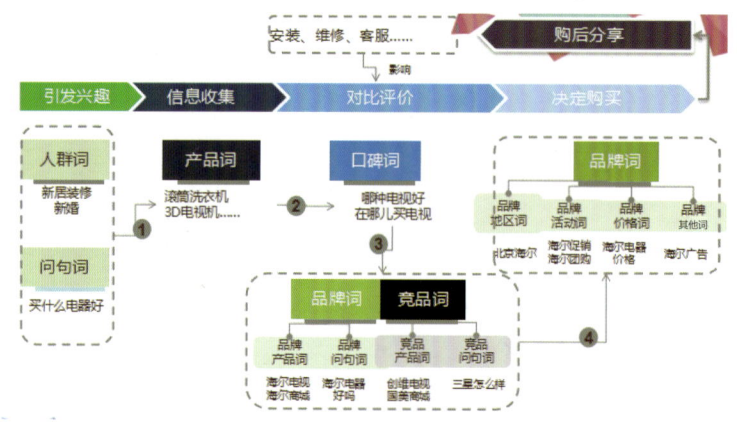

图2-20 消费者购买行为路径

2.2.2 企业是如何通过搜索卖出产品的

如图2-21所示，网民购买过程对应企业推广过程。

图2-21 搜索营销过程

2.2.3 搜索引擎营销定义

搜索引擎营销（SEM）就是根据用户使用搜索引擎的方式，利用用户检索信息的机会尽可能将营销信息传递给目标用户，如图2-22所示。

图2-22 搜索引擎营销

企业需要做什么？

一方面，我们经常听见有企业说市场难做；另一方面，我们又发现大量下游的企业在四处寻找物美价廉的供货商和货源……

搜索营销

你绞尽脑汁要找的人,他也在千方百计地找你,现在缺的不是市场,而是沟通的"桥梁","桥梁"搭好了,就会条条道路通罗马,冥冥之中布下多条红线,引导有需求的客户主动来找你,如图2-23所示。

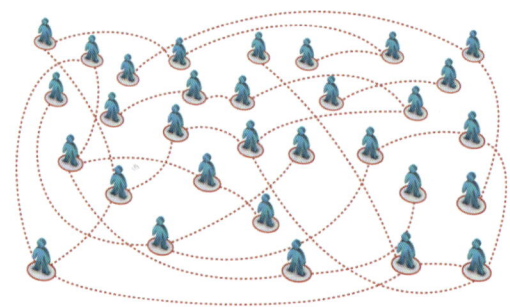

图2-23 沟通的桥梁

2.3 搜索引擎营销的方式

如图2-24所示为使用搜索引擎搜索"礼品鲜花"的展示结果。

图2-24 搜索引擎展示结果

搜索引擎优化(SEO)基本工作模块如图2-25所示。

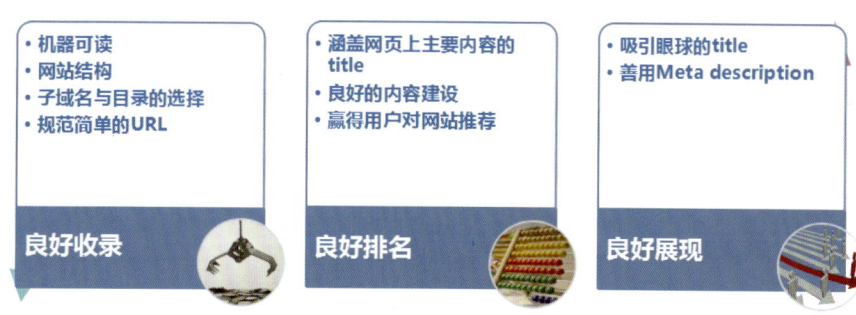

图2-25　SEO基本工作模块

关键词广告（PPC）基本工作模块如图2-26所示。

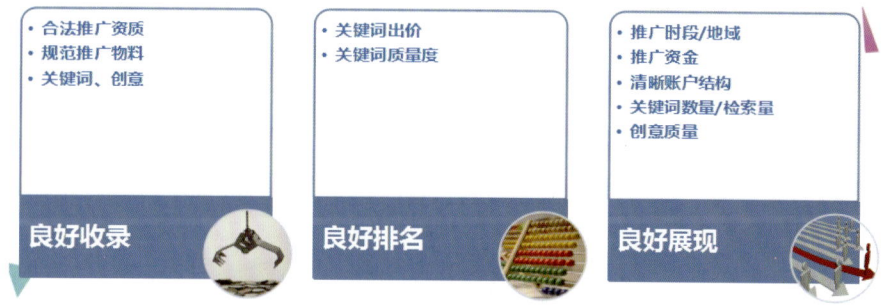

图2-26　PPC基本工作模块

PPC与SEO需要综合应用，如图2-27所示。

	PPC-关键词广告	SEO-搜索引擎优化
展现形式	广告	自然搜索结果
计费方式	每次点击费用	前期建置后采月费制
优势点	1.可立即显示效果 2.可挑选无限多组关键字 3.可清楚控制每日成本 4.关键字可灵活替换	1.自然搜索结果，更易树立品牌形象 2.管理成本相对较低 3.网站优化后效果广泛
劣势点	1.各大搜索引擎独立 2.管理成本相对较高 3.竞争愈发激烈	1.显示效果较慢 2.关键字排序位置精确预估较难 3.对搜索引擎的研究需要技术专业度较高的人员才能完成 4.关键词数量有限、优化难易有别

图2-27　PPC与SEO基本工作模块对比

2.4　百度推广的优势

百度及各搜索引擎使用占比如图2-28所示。

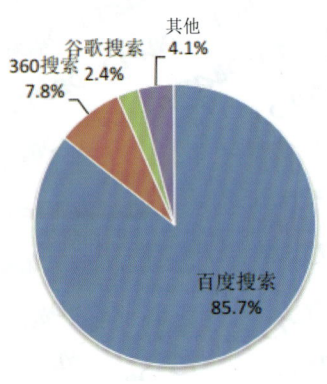

图2-28　主要搜索引擎使用占比

2013年，PC端各综合搜索引擎网民首选率如图2-29所示，百度是搜索推广里面最好的。

图2-29　百度搜索引擎占比

百度是全球最大的中文搜索引擎，占据超过80%的中国搜索市场份额，超过5亿中国网民已习惯有需求时"百度一下"，百度为企业提供整合营销方案，如图2-30所示。

图2-30　百度整合营销方案制作流程及工作模块

百度受到品牌企业的青睐，如图2-31到图2-34所示。

图2-31

图2-32

图2-33

 搜索营销

图2-34

百度成为企业最重要的营销平台,如图2-35所示。

2013年Q1,百度客户达到**41万**家,户均收入达到**14,500元**

一半以上企业的新客户来源主要来自百度平台

带来超过70%的新客户 16.3%

带来超过50%的新客户 33.9%

带来超过30%的新客户 28.4%

图2-35

THIRD

03

第3章
关键词广告
原理

※ 展现与排名
※ 关键词管理
※ 创意管理

3.1 展现与排名

3.1.1 展现

搜索推广展现位置——计算机,如图3-1所示。

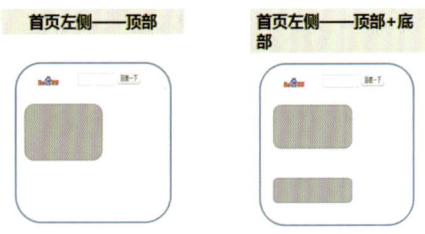

图3-1 搜索推广PC端展现位置

前台展示例子如图3-2所示。

图3-2 搜索推广前台展示

搜索结果展现样式——计算机，如图3-3所示。

➤ 搜索结果首页左侧无底色顶部的
"广告"位置，此处最多展现5
条不同的推广结果

➤ 搜索结果首页左侧带有底色的
"广告"位置，此处最多展现3
条不同的推广结果，底部根据
顶部的变动，展示1～5条不等

图3-3　搜索结果PC端展现样式

搜索结果展现位置——移动端，如图3-4所示。

图3-4　搜索结果移动端展现位置

展现位置由顶部推广位、中部推广位和底部推广位组成：顶部+中部+底部≤5条广告信息。

在部分商业价值较低的搜索词的移动搜索结果页里，顶部将不展现推广信息，底部最多展现3条推广信息。

3.1.2 排名

1. 排序规则

排序是由关键词质量度和出价（质量度×出价）共同决定的，质量度×出价越高，排名越靠前。

质量度是搜索推广中衡量推广结果质量的综合性指标，体现了网民对参与百度推广的关键词以及创意的认可程度，用五星+数字分值的形式表示。每颗星代表2分，比如显示三星半，则表示质量度为7分。

出价是推广信息被点击一次客户最多愿意出的价格。

推广排名是每条企业信息在搜索结果中展示时的排位。由于排名是时时变动的，所以企业可以在数据报告中查看每天的平均排名。

出价与排名的关系如图3-5所示。

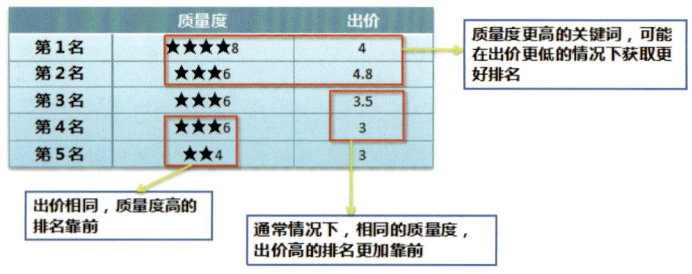

图3-5 出价与排名的关系

演示：质量度，如图3-6所示。

图3-6 质量度

质量度——临时质量度：

临时质量度是指当前关键词的数据积累不充分，质量度得分存在波动的可能性。

当推广结果展现不充分，系统无法给出一个准确的质量度分值时，给出的质量度临时分值就是临时质量度。

影响质量度的因素如图3-7所示，点击率、创意、目标页面就是优化质量度的关键。

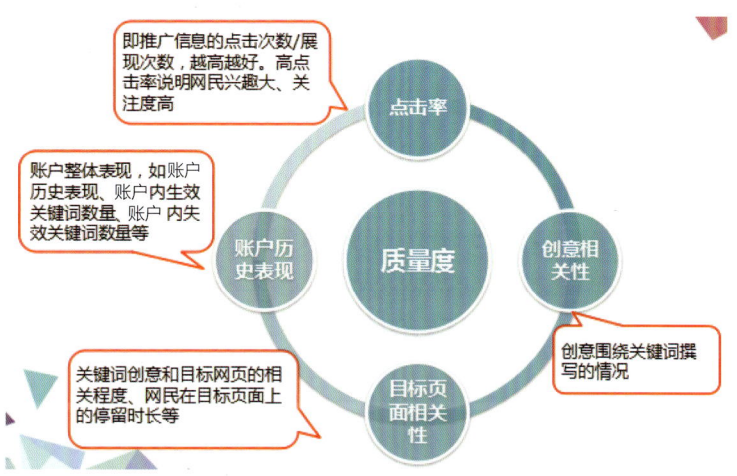

图3-7　影响质量度的因素

出价是客户愿意为某一个关键词单次点击所支付的最高价格。根据关键词能为企业带来的商业价值的大小来设定出价。

商业价值与企业所处的行业、关键词的专业程度等有关，是由市场客观因素决定的，无法人为控制。图3-8为对比示例：

	出价
玫瑰花	1
不孕不育	50

图3-8　商业价值影响出价

点击价格指客户的推广信息被网民点击一次需要支付的实际费用，点击价格≤出价。点击价格与质量度的关系如图3-9所示。

图3-9　点击价格与质量度的关系

最低展现价格是由系统计算出的关键词能被展现的最低价格，如图3-10所示。

关系	能否展现
出价≥最低展现价格	有机会展现
出价<最低展现价格	无法展现

图3-10　出价与最低展现价格的关系

影响因素：关键词的商业价值、关键词的质量度。

以某件艺术品的拍卖类比，出价、点击价格、最低展现价格之间的关系如图3-11所示。

好比你去参加某件艺术品的拍卖	价格
我身上带了1万元，觉得这件艺术品就值这个价钱，再高也不值了	出价=10000
根据鉴定结果，该艺术品至少价值1千元，所以从1千元起拍	最低展现价格=1000
只2个竞争对手提价，我出了8千元后无人再竞价了，所以我买下了	点击价格=8000

图3-11　举例三种价格之间的关系

左侧展现的条件：质量度2分以上即具有推左资格，质量度×出价足够有竞争力，如图3-12所示。

质量度分值高意味着网民对客户推广结果认可程度高，分值反映展现在左侧的可能性。

分值	左侧展现概率	如何优化到左侧
0分	没有展现机会	重点关注关键词的合理性
1分	左侧展现概率极低	重点关注关键词的合理性
2分及以上	分值越高，左侧展现概率越大	根据竞争力情况优化

图3-12　左侧展现条件

展现在左侧的两种情况说明如图3-13所示。

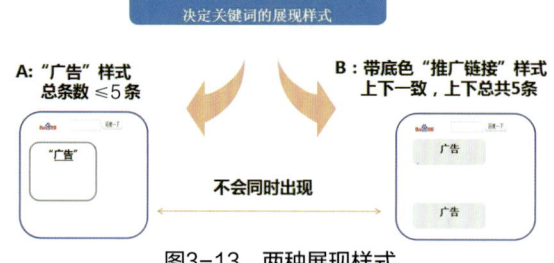

图3-13　两种展现样式

什么是潜在客户的搜索体验？

百度通过对历史数据的分析研究，可以判断出每个关键词出现哪种展现样式更能得到潜在客户的关注。如果某个关键词出现的是推广样式，说明这种展现样式更能得到潜在客户的关注；推广链接样式也是这种情况；不同时间、不同地域搜索同一个词，展现样式有可能不同，因为潜在客户的搜索体验也是在动态变化的，出现哪种展现样式由系统判断，人为无法改变。

举例：相同时间，相同搜索词，不同的展现样式，如图3-14、图3-15所示。

图3-14　推广链接样式

图3-15　推广样式

3.2　关键词管理

关键词是企业在百度推广中选择的、具有商业价值的、用来迎合潜在客户搜索需求的词。

当网民的搜索词与关键词足够相关，就能"触发"关键词，客户的推广信息就能在网民面前展现。比如李先生选了"英语培训"这个词作为关键词，当有网民搜索"英语培训"时，在搜索结果里就有可能展现李先生公司的推广信息，如图3-16所示。

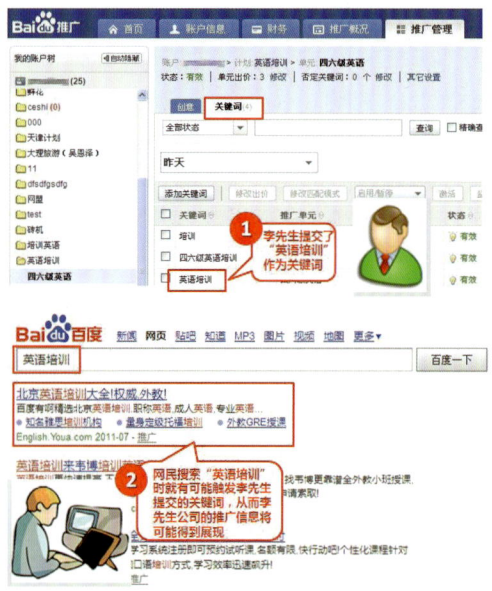

图3-16 关键词与搜索词

关键词的作用：连接网民与企业的"桥梁"，帮助企业定位潜在客户，如图3-17所示。

图3-17 关键词的作用

3.2.1 关键词的分类管理——账户结构

试着从一个整理箱中找出一件衣服，将整理箱比作账户结构，如图3-18所示。

第3章 关键词广告原理

图3-18 账户结构

建立账户结构的目标,如图3-19所示。

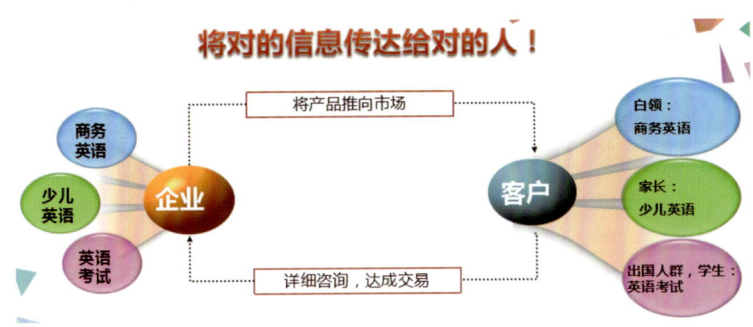

图3-19 账户结构目标

将产品层级和账户层级对应,搜索推广账户结构,如图3-20所示。

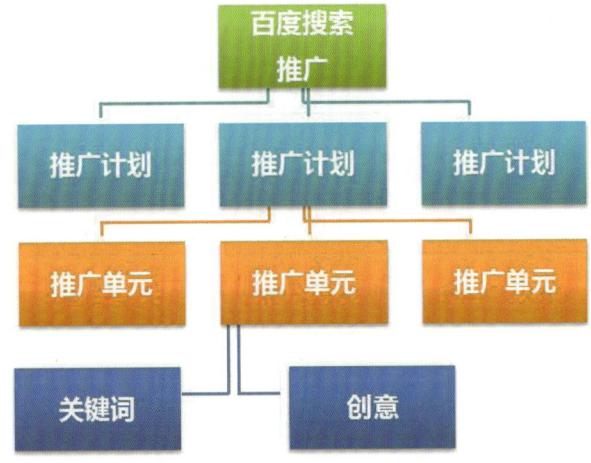

图3-20 搜索推广账户结构

完成账户结构,如图3-21所示。

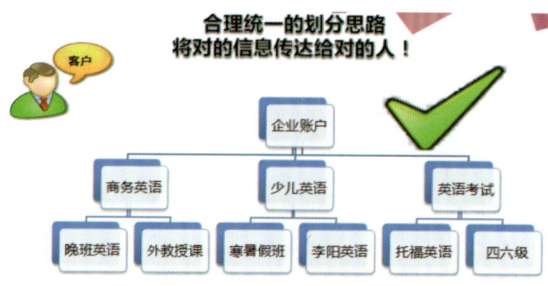

图3-21 完成账户结构

账户结构搭建思路如图3-22所示。

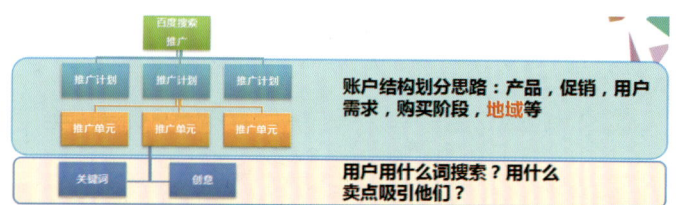

图3-22 账户结构搭建思路

搜索词与关键词的区别：

搜索词是网民搜索时所输入的词，体现的是网民对信息的需求，目的是获得对他有用的搜索结果。

关键词是企业在百度推广里选择的词，目的是在网民搜索这个词时能出现自己的推广信息，给企业带来宣传价值和收益。

3.2.2 关键词与搜索词的触发机制

三种匹配方式：精确匹配、短语匹配、广泛匹配。举例说明，如图3-23所示。

关键词	李宁运动鞋	李宁运动鞋哪个系列的好	李宁男运动鞋	哪种运动鞋好	李宁 新款鞋	李宁服饰
精确匹配	√	×	×	×	×	×
短语匹配	√	√	√	×	×	×
广泛匹配	√	√	√	√	√	√

假如网民的搜索词是"李宁运动鞋"

关键词的不同匹配方式决定客户推广信息是否会出现在网民的搜索结果页
（√可出现，×不可出现）

图3-23 匹配方式示例

精确匹配

含义：只有当企业购买的关键词与网民的搜索词完全一致时，企业的推广信息才有展现机会。

示例如图3-24所示。

关键词	搜索词	推广信息是否出现
淄博家教	淄博家教	√
	家教	×

图3-24　精确匹配示例

利：定位精准；

弊：覆盖面太窄。

精确匹配——地域词扩展功能，如图3-25所示。

含义：当企业购买的关键词是精确匹配且仅包含一个国内地名时，IP地址位于该地域的网民搜索除去地域词以外的部分，也可能展现企业的推广结果。

投放地域	关键词	搜索地域	搜索词	未开通	开通
山东	淄博家教	淄博	淄博家教	√	√
			家教	×	√
		山东非淄博地区	淄博家教	√	√
			家教	×	×

图3-25　地域词扩展功能

好处：合理拓宽覆盖面。

账户演示如图3-26所示。

图3-26　账户演示

短语匹配

短语匹配通过三种方式精准控制关键词流量：精确包含、同义包含、核心包含，如图3-27

所示。

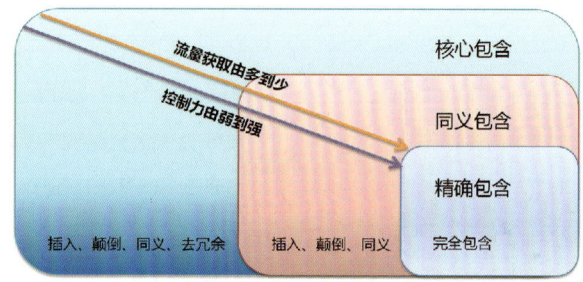

图3-27 短语匹配

短语匹配示例如图3-28所示。

匹配选择	短语-精确包含	短语-同义包含	短语-核心包含
关键词	"[福特福克斯改造]"	"福特福克斯改造"	"{福特福克斯改造}"
网民搜索词匹配范围	福特福克斯改造	福特福克斯改造	福特福克斯改造
	北京福特福克斯改造	北京福特福克斯改造	北京福特福克斯改造
		福特白色福克斯改造	福特白色福克斯改造
		改造福特福克斯	改造福特福克斯
		福特福克斯改装	福特福克斯改装
			福克斯改造
			白色经典福克斯改造
			白色福克斯改装

图3-28 短语匹配示例

选择不同的短语匹配选择时，网民搜索词的匹配范围会不同。

短语—核心包含，如图3-29所示。

网民搜索词	客户购买关键词	去冗余后的关键词
个人简历模板	最好个人简历模板	个人简历模板
鸡尾酒名字	鸡尾酒名字大全	鸡尾酒名字
白色经典福克斯改造	福特福克斯改造	福克斯改造
北京母婴加盟排行	母婴加盟店排行榜	母婴加盟排行
哈尔滨美光代理	美光代理商	美光代理
古代人物传记	人物传记系列	人物传记

图3-29 核心包含

核心包含通过技术手段，自动分析出客户购买关键词的冗余成分，去掉这些冗余成分后使关键词语义基本无转义，在匹配网民搜索词时仅匹配去掉冗余后的核心部分。

注：网民搜索意图、地域和核心业务词等不会判定为冗余成分。

广泛匹配

含义：当网民搜索词与企业关键词高度相关时（同义近义词、变形词等），企业推广信息都有可能获得展现机会。示例如图3-30所示。

关键词	完全包含	插入包含	颠倒包含	同义词包含	去冗余包含	其他
英语培训班	暑假英语培训班 英语培训班价格	英语考试培训班 英语口语培训班	培训英语班	英语辅导班	英语培训价格 暑期英语培训	英语 培训 疯狂英语 ……

图3-30 广泛匹配示例

利：覆盖面非常广；

弊：精准性下降。

各匹配方式的显示符号：

[] 表示精确匹配，如：[英语培训]；

"[]" 表示短语—精确匹配，如："[英语培训]"；

"" 表示短语—同义匹配，如："英语培训"；

"{}" 表示短语—核心匹配，如："{英语培训}"；

不加任何符号时表示广泛匹配，如：英语培训。

广泛匹配与短语匹配带来的问题如图3-31所示。

企业提交关键词：海尔空调维修、广泛匹配						
网民搜索词	海尔空调维修	空调修理	成都空调维修	空调图片	海尔空调	代理海尔空调
企业推广信息是否能出现	√	√	√	√	√	√
企业希望	√	√	√	×	×	×

图3-31 广泛匹配与短语匹配带来的问题

问题：网民搜索图3-31中后三个词（非企业业务）时推广信息出现了。

解决：怎样才能不出现——否定关键词。

否定关键词

含义：在使用广泛匹配和短语匹配时，通过添加否定关键词，让包含这些否定关键词的搜索词不触发企业的推广结果。

以下例子为如何设定否定关键词，如图3-32所示。

网民搜索词	海尔空调维修	空调修理	成都空调维修	空调图片	海尔空调	代理海尔空调
企业推广信息是否能出现	√	√	√	✗	√	✗
企业希望	√	√	√	×	×	×

（企业提交关键词："海尔空调维修"、广泛匹配）

否定关键词"图片"　　？　　否定关键词"代理"

图3-32　设定否定关键词

否定关键词特殊说明：若否定关键词是企业购买关键词的一部分，且网民搜索词包含企业购买的关键词或关键词的插入及颠倒形态时，则该次展现不会被否定，如图3-33所示。

网民搜索词	海尔空调维修	空调修理	成都空调维修	空调图片	海尔空调	代理海尔空调
企业推广信息是否能出现	✗	√	√	√	✗	√
企业希望	√	√	√	×	×	×

（企业提交关键词："海尔空调维修"、广泛匹配）

否定关键词"海尔"

图3-33　否定关键词特殊说明示例

价值：避免企业丧失高质流量，提升推广效果。

精确否定关键词

含义：在使用广泛匹配和短语匹配时，通过添加精确否定关键词，让与精确否定关键词完全一致的搜索词不触发企业的推广结果。

以下例子为如何设定精确否定关键词，如图3-34所示。

网民搜索词	海尔空调维修	空调修理	成都空调维修	空调图片	海尔空调	代理海尔空调
企业推广信息是否能出现	√	√	√	√	✗	√
企业希望	√	√	√	×	×	×

（企业提交关键词："海尔空调维修"、广泛匹配）

精确否定关键词"海尔空调"

图3-34　设定精确否定关键词

关键词匹配模式关系及示例，如图3-35所示。

图3-35 关键词匹配模式关系及示例

3.3 创意管理

创意是展现给网民看的推广内容,包括标题、描述、显示URL及访问URL。

显示URL是网民在推广结果中看到的最后一行网址。

访问URL是网民点击推广结果后实际访问的网站页面,如图3-36所示。

图3-36 创意展示

创意的作用

免费的宣传阵地：创意的展现是不收费的，即使没有获得点击，也能让网民留下印象。

商机的创造阵地：被创意吸引的潜在客户，可以通过点击创意直接访问企业网站，为企业赢得潜在客户。

创意提交界面如图3-37所示。

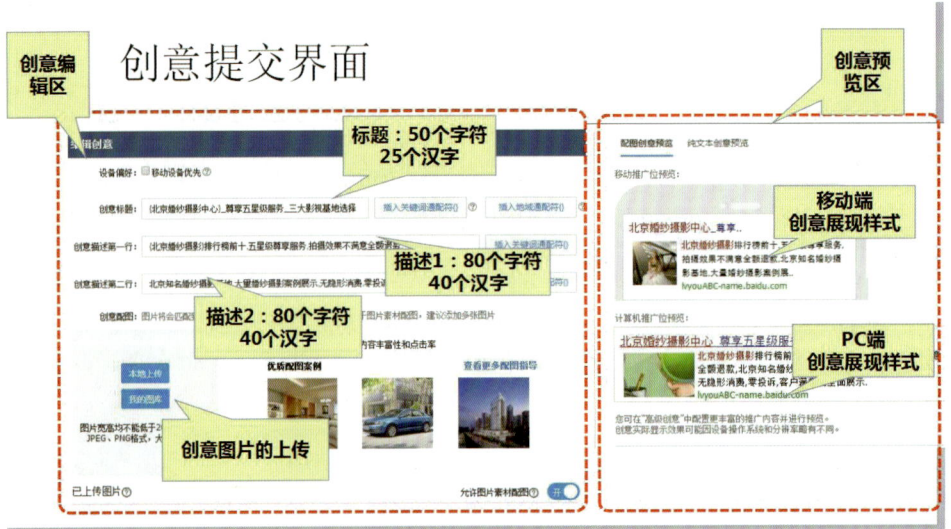

图3-37　创意提交界面

1. 通配符

通配符是能够替代单元内被触发的关键词的符号，以增加创意飘红概率。它的使用标志为"{默认关键词}"，其中的"默认关键词"几个字可以替换为该创意所在单元内的任何被触发的关键词，如图3-38所示。

图3-38　通配符

当创意中有与搜索词一致（或意义相近）的部分时，会飘红。

使用通配符的作用：增加飘红概率，迅速锁定目标客户眼球，带来更高的点击率，如图3-39所示。

图3-39　通配符的作用

通配符还可以增加创意与搜索词的相关性，提升质量度。

什么情况下创意会飘红，飘红结果展示如图3-40所示。

第一种情况：当创意文字包含的词语与用户搜索词包含的词语完全一致或意义相近时，在展现时会出现飘红。

第二种情况：如果创意标题或描述中含一个国内地名（省级或市级），当网民提交的检索词中不含地名、但网民所在地（以系统机制识别的IP地址为准）包含在上述地名辖区内时，该地名就会飘红。

图3-40　飘红结果展示

通配符使用注意事项：

（1）确保创意语句通顺、符合逻辑，如图3-41所示。

关键词	创意
英语培训 [外教英语]	标题：出国{英语}培训首选A+英语 描述1：4人超小班，30元/课时，专业外教授课 描述2：现在报名更有机会得免费课程！

搜索词	展现结果
英语培训哪家好	标题：出国英语培训培训首选A+英语 描述1：4人超小班，30元/课时，专业外教授课 描述2：现在报名更有机会得免费课程！

图3-41　语句不通顺

（2）避免创意超长被截断，默认关键词最好选择单元内最长词，如图3-42所示。

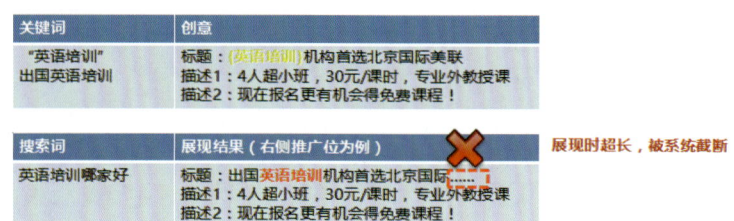

图3-42　创意超长被截断

创意展示的方式：优选和轮替，其中优选为默认方式。

优选是每条创意将以同等的展现概率进行展现。

轮替是系统将选择表现更优、网民更认可的创意予以更多地展现。

FOURTH
04

第4章
搜索引擎营销基础实训

※ 账户结构及各层级功能设置
※ 关键词层级功能设置
※ 创意层级功能设置
※ 营销工具介绍

4.1　账户结构及各层级功能设置

百度推广账户首页如图4-1所示，推广管理界面如图4-2所示。

图4-1　百度推广账户首页

图4-2　推广管理界面

4.1.1　账户结构

账户结构由账户、推广计划、推广单元和关键词及创意四个层级构成，同一个单元的关键词和创意是多对多的关系。后台账户结构如图4-3所示。

第4章 搜索引擎营销基础实训

图4-3 后台账户结构

示例：账户结构如图4-4所示。

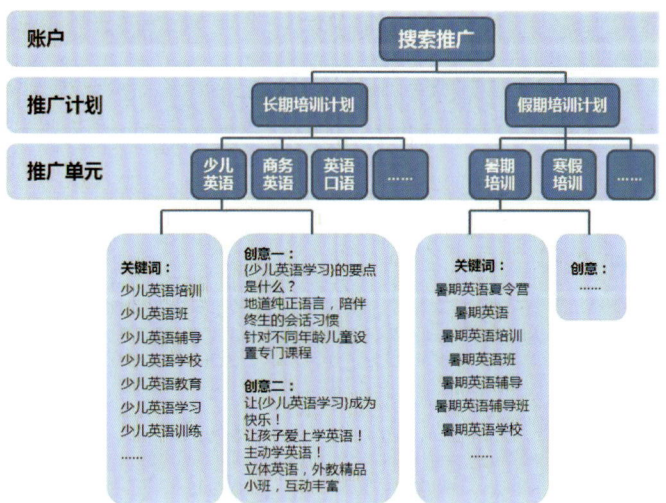

图4-4 账户结构示例

账户结构的作用如图4-5所示。

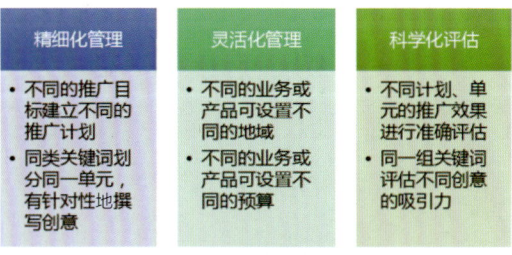

图4-5 账户结构的作用

如图4-6所示，账户各层级提交数量值：

每一个账户最多100个推广计划；

每一个推广计划最多1000个推广单元；

每一个推广单元最多5000个关键词；

每一个推广单元最多50套创意；

健康状态下，关键词有15~30个；

健康状态下，创意有2~3套。

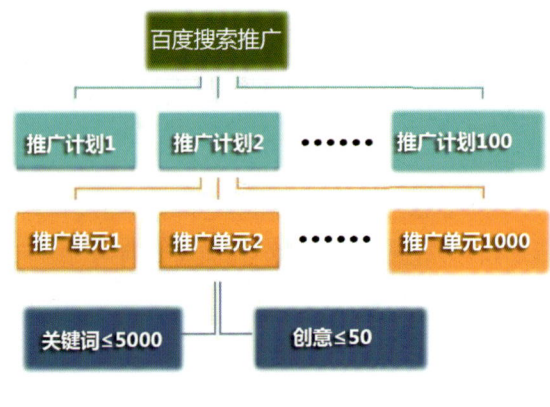

图4-6

4.1.2　账户层级状态及功能

图4-8为推广管理界面账户层级。

图4-7　推广管理界面

账户状态：正常生效、开户金未到、余额为零、未通过审核、审核中。

账户功能：预算、地域、关键词/创意激活时长、精确匹配扩展。

账户层级状态如表4-1所示。

表4-1 账户层级状态

状态	状态的含义	怎么办
正常生效	表示账户当前可以正常推广	\
开户金未到	表示账户没有成功付款。此时账户内关键词和创意无法正常展现	付款
余额为零	表示账户已经没有余额用于推广。此时账户里的关键词和创意都无法正常展现	续费
未通过审核	表示账户信息不符合相关规定而不能推广。此时账户里的关键词和创意无法正常展现	根据审核标准修改账户信息，等待系统重新审核
审核中	表示系统还未完成对账户信息的审核	耐心等待审核完成

账户状态变化，如图4-8所示。

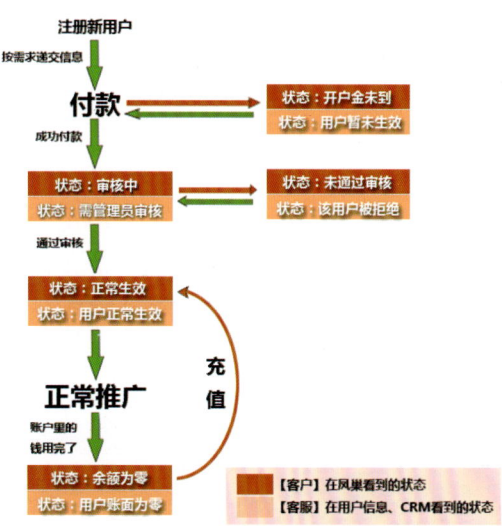

图4-8 账户状态变化

账户预算设置如图4-9所示。

图4-9　账户预算设置

每日预算

每日预算即企业每天愿意支付的最高推广费用。当天的点击费用总额达到设定的预算值后，经一定的系统刷新时间，推广结果会自动下线，即网民搜索时不再展现推广结果。为了保证企业的推广效果，每日预算不能低于50元，否则很可能因访问数量过少而无法发挥推广效果。

账户功能——推广地域

推广地域设置如图4-10所示。

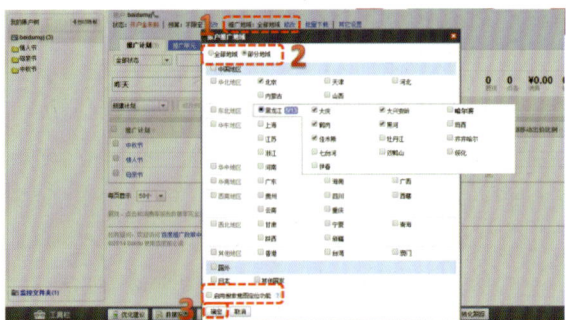

图4-10　推广地域设置

账户功能——推广地域说明

设置推广地域后，只有当该地域的网民搜索时，才会出现企业的推广结果；

搜索推广地域目前精确到直辖市和省及省下的二级地市；

限制推广地域，可以让企业更精准地只面向固定区域的潜在客户。但同时也会损失掉新兴市场的机会，影响企业发展。因此除非企业的业务范围非常明确，否则不建议一上来就限制推广地域。

账户功能——搜索意图定位

搜索意图定位如图4-11所示。功能启用后，当网民的搜索词中可识别的地域词与企业所设置的推广地域一致时也可能会展现企业的推广内容。例如为一家旅行社做推广，并且只把云南设置为推广地域，启用此功能后北京的网民在搜索"云南旅游"的时候也可能会看到旅行社的推广内容。

推广地域	关键词	搜索地域	搜索词	未开通可否出现	开通可否出现
北京	北京酒店	非北京	北京酒店	×	√

图4-11 搜索意图定位

4.1.3 计划层级状态及功能

如图4-12所示为计划层级状态及功能栏。

图4-12 计划层级状态及功能栏

计划层级状态如表4-2所示。

表4-2 计划层级状态

状态	状态含义	怎么办
有效	表示推广计划当前可正常推广	\
暂停推广	表示推广计划设置了暂停，此时推广计划内的关键词和创意不会在搜索结果中出现	点击"启用"，取消推广计划的暂停
处于暂停时段	表示推广计划设置了"推广时段管理"且当前处于暂停推广时段之内，此时推广计划内的关键词和创意不会在搜索结果中展现	调整推广时段
账户预算不足	表示账户当日已达到预算	提高预算
推广计划预算不足	表示推广计划在当日的消费已经达到了预算。当推广计划处于该状态时，此时推广计划内的关键词和创意不会在搜索结果中展现	提高预算

计划状态变化，如图4-13所示。

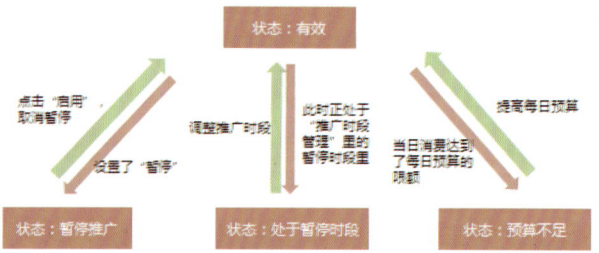

图4-13 计划状态变化

计划功能：

预算、推广地域、推广时段、移动出价比例、否定关键词、创意展现、暂停。

计划功能——预算，设置如图4-14所示。

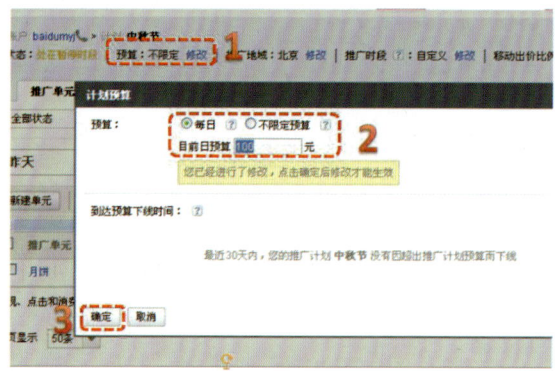

图4-14 预算设置

与账户区别：账户预算管所有计划，计划预算只管该计划。

计划功能——推广地域，设置如图4-15所示。

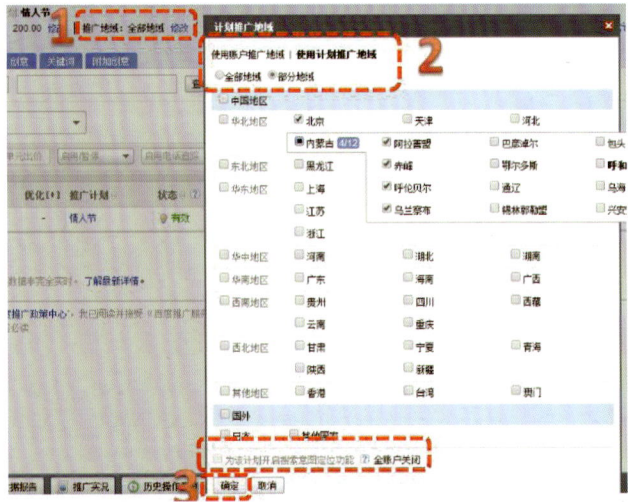

图4-15　推广地域设置

计划地域可以使用账户地域设置，也可单独设置。

账户未开通搜索意图定位功能，所有计划都不能开通。

计划功能——推广时段，设置如图4-16所示。

图4-16　推广时段设置

计划功能——移动出价比例，设置如图4-17所示。

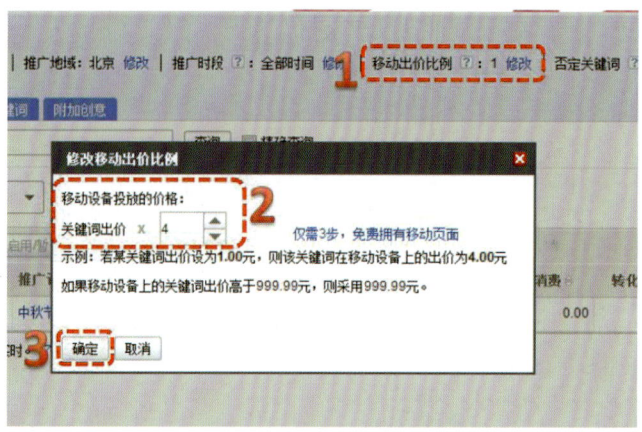

图4-17　移动出价比例设置

移动出价比例：

能够以原关键词出价乘以一定比例的方式设定移动设备的关键词出价，方便使用同个计划管理多屏投放。如果移动设备的关键词出价超过999.99元，则系统自动使用999.99元。

该功能是设定在移动设备展现时的出价，是单元或关键词出价的比例。比例是0.10~10.00，保留2位小数的数值。

计划功能——创意展现方式，选择如图4-18所示。

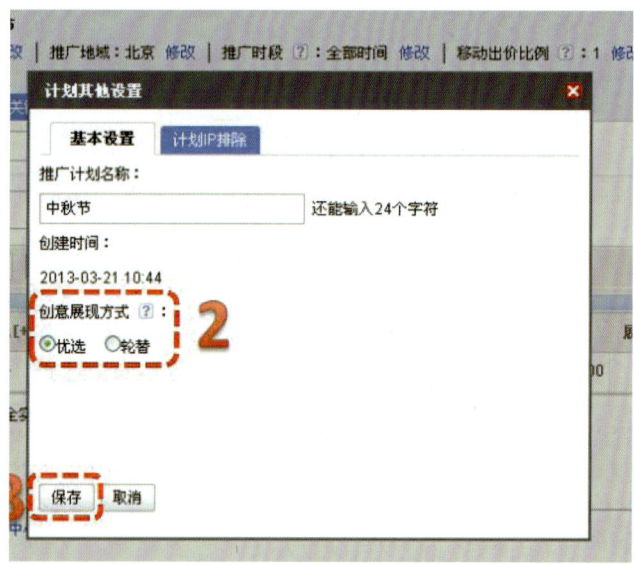

图4-18　创意展现方式选择

创意展现方式如下。

轮替：关键词对应的多条创意轮换着出现，每条创意的展现可能性是一样的。

优选：系统将选择与搜索词、关键词相关程度更高，表现更优，网民更认可的创意予以更多的展现。如图4-19所示，系统默认优选。

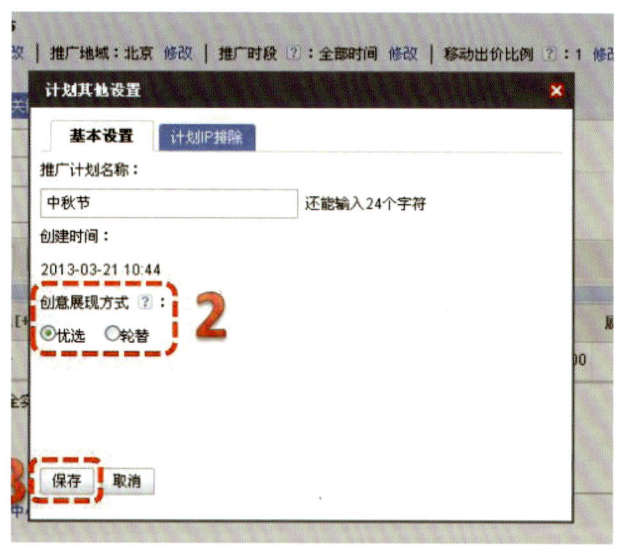

图4-19　系统默认优选

计划功能——暂停，设置如图4-20所示。

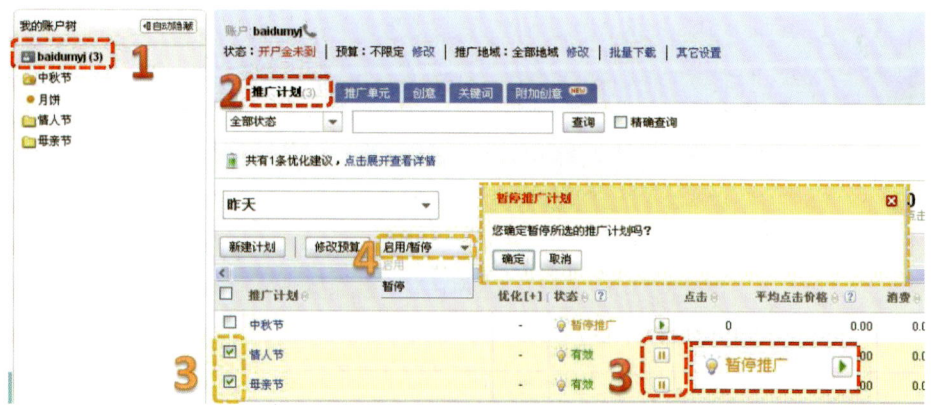

图4-20　推广计划暂停设置

注：两种方式操作，启用在同样的位置。

4.1.4　单元层级状态及功能

如图4-21所示为推广单元层级状态及功能栏。

图4-21 推广单元层级状态及功能栏

单元状态含义，如表4-3所示。

表4-3 单元状态含义

状态	状态含义	怎么办
有效	表示推广单元当前可以推广	\
暂停推广	表示推广单元设置了暂停，此时推广单元内的关键词和创意不会在搜索结果中展现	点击"启用"，取消推广单元的暂停
推广计划暂停推广	表示推广计划设置了暂停	启用

单元功能：出价、否定关键词、暂停、移动出价比例。

单元功能——出价，设置如图4-22所示。

图4-22 单元出价设置

单元出价是针对同一单元下的关键词进行批量出价。

单元功能——暂停，设置如图4-23所示。

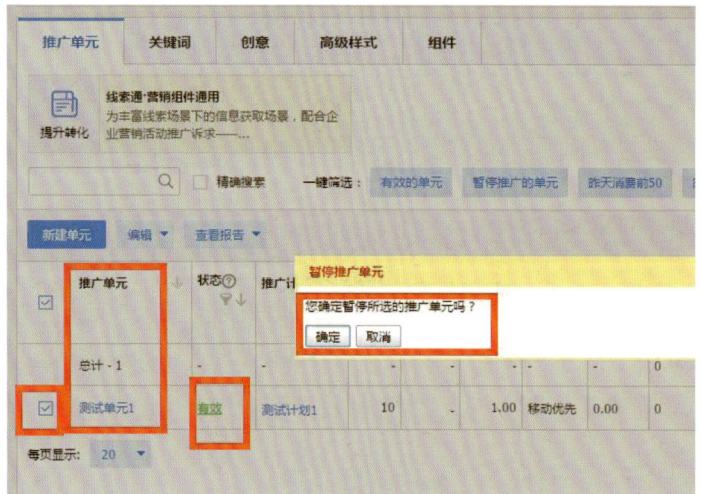

图4-23 单元暂停设置

注:两种方式操作。

单元功能——移动出价比例,设置如图4-24所示。

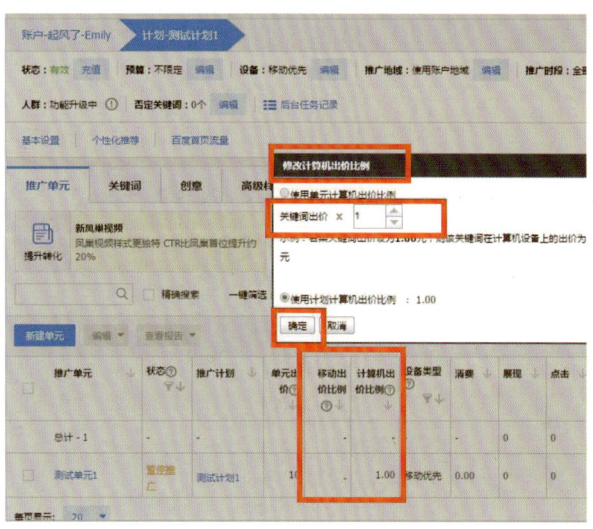

图4-24 单元移动出价比例设置

注:两种方式操作。

修改计划层级移动出价比例,对单独设置过单元层级移动出价比例的单元不生效;计划与单元同时设置时,单元层级移动出价比例优先于计划层级移动出价比例。

4.2 关键词层级功能设置

关键词状态及功能如图4-25所示。

图4-25 关键词状态及功能界面

4.2.1 关键词状态

关键词状态如表4-4所示。

关键词状态包括：有效、审核中、不宜推广、暂停推广、待激活、搜索量过低、计算机搜索无效、移动搜索无效、搜索无效、部分无效。

表4-4 关键词状态

状态	状态含义	怎么办
有效	表示关键词可正常推广	\
审核中	表示系统正在对关键词进行审核，通过审核的关键词才能正常推广	请耐心等待
不宜推广	表示关键词因不符合推广标准而无法正常推广	根据系统显示的不宜推广的具体原因，修改关键词或相关信息，待系统重审
暂停推广	表示关键词设置了暂停，无法正常推广	点击"启用"，取消关键词的暂停
待激活	表示关键词是由百度推广顾问创建的	请客户激活这些词，之后关键词仍在"审核中"状态，审核完毕后才可以推广

续表

状态	状态含义	怎么办
搜索量过低	表示关键词因搜索量过低,被系统暂停推广。当更多网民开始搜索这个关键词,系统会自动恢复推广	可以暂时保留这些关键词,以等待有更多的网民搜索。同时,使用关键词工具,选择搜索量大的关键词
计算机搜索无效	表示关键词的出价低于计算机最低展现价格,无法展现	可通过优化关键词质量度或提高关键词出价来获得展现机会
移动搜索无效	表示关键词的出价低于移动最低展现价格,无法展现	可通过优化关键词质量度或提高关键词出价来获得展现机会
搜索无效	表示关键词在移动和计算机均搜索无效时提示搜索无效	可通过优化关键词质量度或提高关键词出价来获得展现机会
部分无效	表示当访问URL或移动URL任一无效时,展现该状态	修改URL

关键词状态变化如图4-26所示。

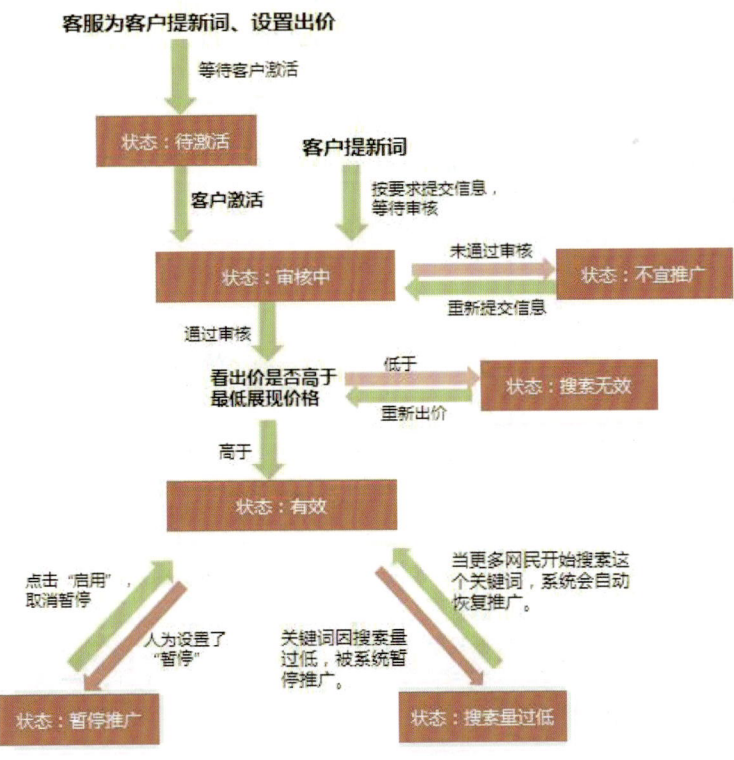

图4-26　关键词状态变化

4.2.2 关键词功能

关键词功能包括：出价、匹配方式、访问URL、暂停、激活、监控、转移、高级筛选、批处理功能。

（1）出价。如图4-27所示。

图4-27 关键词出价

注：两种方式调整出价。单独调完的价格数字颜色变深黑色。

单元与关键词都可以出价，如果两者都设置则以关键词价格为准。

（2）匹配方式。如图4-28所示。

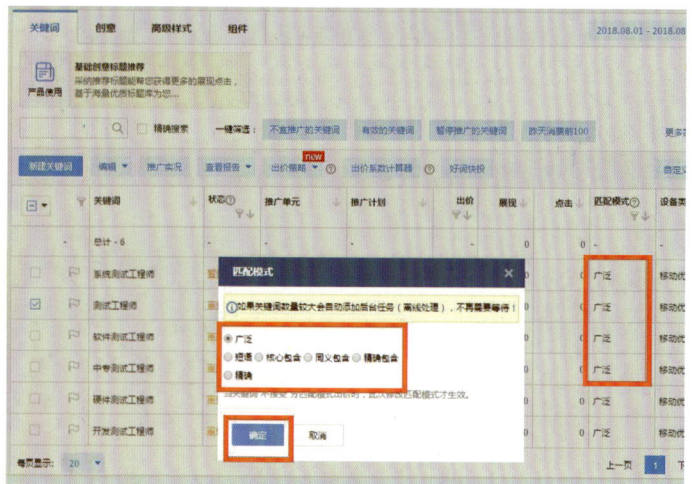

图4-28 匹配方式选择

注：两种方式调整匹配。

（3）访问URL，如图4-29所示。

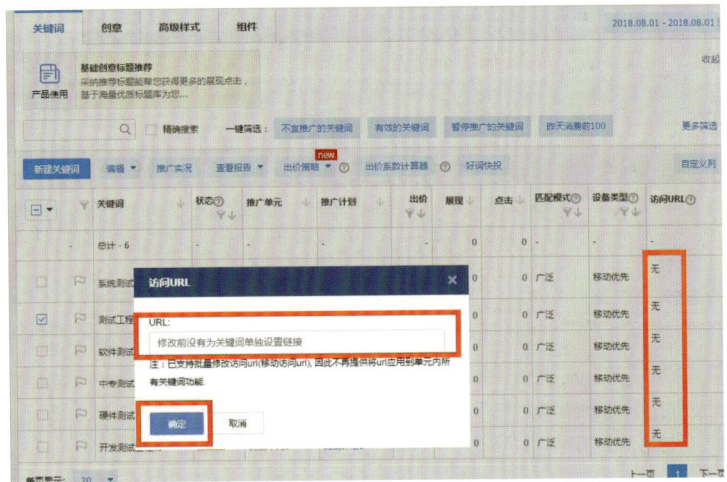

图4-29 设置访问URL

访问URL是网民点击了企业的推广信息后，实际进入页面的网址。

当关键词单独设置访问URL时，网民点击的URL为关键词访问URL。

（4）移动访问URL，如图4-30所示。

图4-30 设置移动访问URL

移动访问URL：在移动设备上，网民点击了企业的推广信息后，实际进入页面的网址。

（5）暂停。如图4-31所示。

图4-31 暂停关键词

注：两种方式调整暂停，启用在同样的位置。

（6）激活。如图4-32所示。

图4-32 激活关键词

激活是灰色的，表示没有需要激活的关键词；

当关键词是推广顾问给客户提交的时，激活是黑色的。

（7）监控。如图4-33所示。

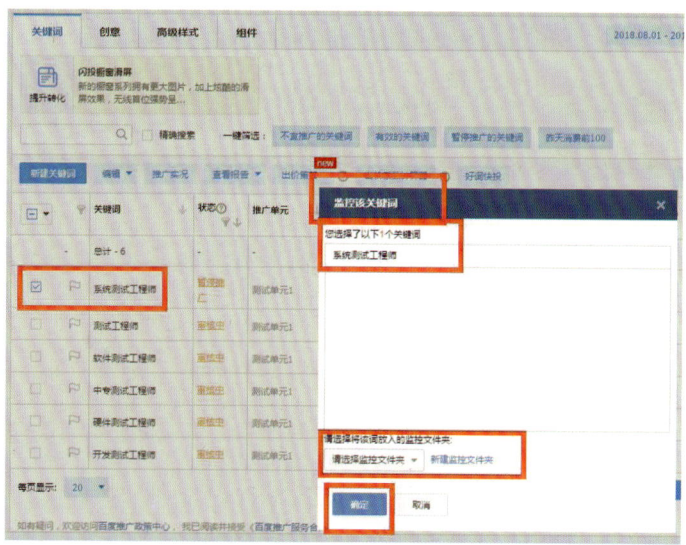

图4-33 监控关键词

监控文件夹是一个虚拟文件夹系统，能够将分布在不同单元下的关键词统一放在一个文件夹重点关注，是管理物料的得力助手。比如账户中有一批核心词要经常调价，而这些关键词又分布在不同的推广单元内，以前需要点击进入每个推广单元查看再进行修改。而使用了监控文件夹，只需要打开这个监控文件夹，就可以统一管理这些关键词。

监控文件夹列表目前最多能容纳20个监控文件夹，整个账户能监控的关键词数量为2 000个，可自由安排每个监控文件夹关键词数量。使用监控文件夹完全不影响账户的结构。

新建监控文件夹如图4-34所示。

图4-34 新建监控文件夹

（8）转移。如图4-35所示。

图4-35　转移关键词

（9）高级筛选。如图4-36所示。

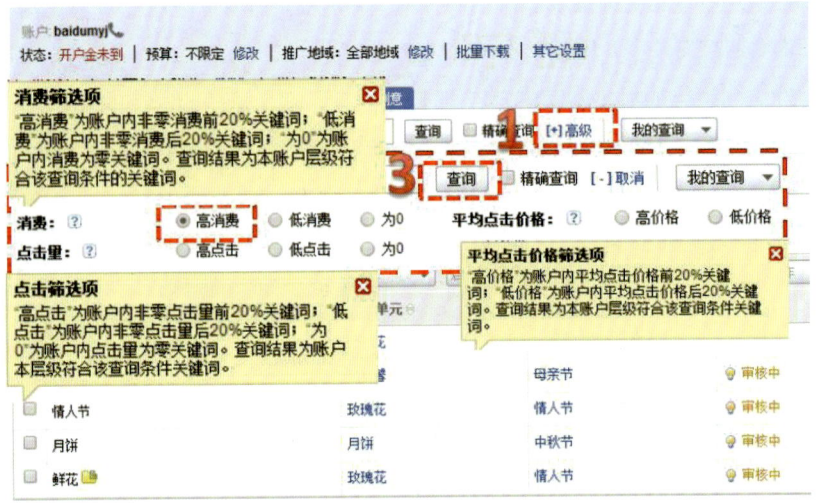

图4-36　关键词高级筛选

4.3　创意层级功能设置

创意的状态及功能如图4-37所示。

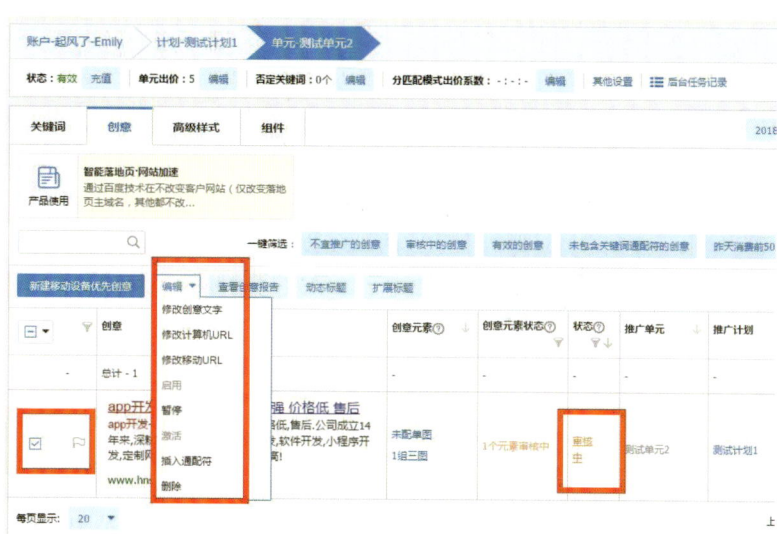

图4-37 创意状态及功能界面

4.3.1 创意的状态

创意状态的含义如表4-5所示。

创意状态包括：有效、不宜推广、暂停推广、审核中、待激活、部分无效。

表4-5 创意状态含义

状态	状态含义	怎么办
有效	表示创意可正常推广	\
不宜推广	表示创意因不符合推广标准而无法正常展现	根据系统显示的创意不宜推广的具体原因进行修改。系统会重新审核修改后的创意
暂停推广	表示创意已设置为暂停，此时这条创意将不会被展现	点击"启用"来取消该创意的暂停
审核中	表示系统正在对创意进行审核，通过审核的创意才能正常推广	请耐心等待
待激活	表示创意是由推广顾问创建的	客户激活这些创意，之后创意仍在"审核中"状态，审核完毕后才可以推广
部分无效	表示默认URL或移动URL任一无效时，展现该状态	修改URL

创意状态变化如图4-38所示。

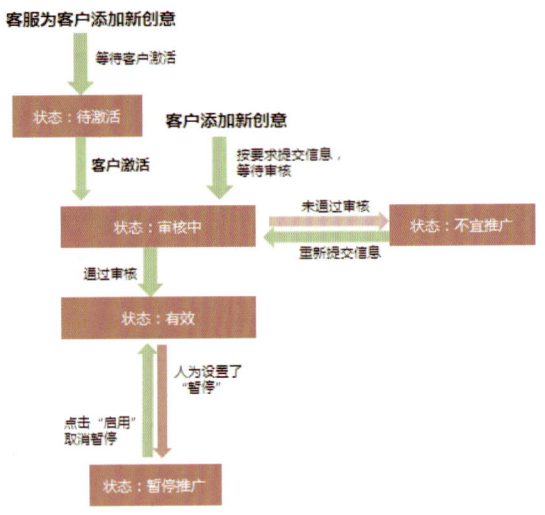

图4-38　创意状态变化

4.3.2　创意的功能

创意的功能：默认URL、移动URL、暂停、激活、设备偏好。

（1）创意功能——默认URL，设置如图4-39所示。

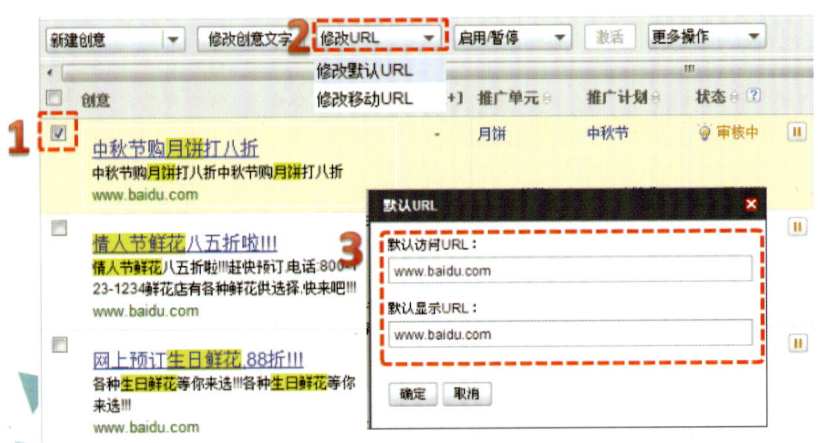

图4-39　创意默认URL设置

创意中访问URL是默认，网民点击创意后进入创意访问URL；

若关键词单独设置访问URL，则网民访问关键词URL。

（2）创意功能——移动URL，设置如图4-40所示。

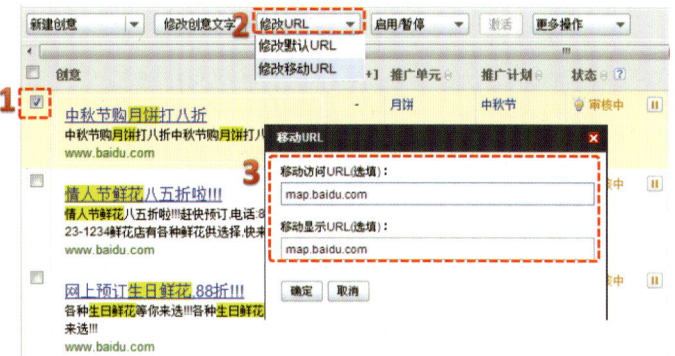

图4-40　创意移动URL设置

（3）创意功能——暂停，设置如图4-41所示。

图4-41　创意暂停设置

（4）创意功能——激活，设置如图4-42所示。

图4-42　创意激活设置

激活是灰色的，表示没有需要激活的创意。

当创意是推广顾问给客户提交的时，激活是黑色的。

（5）创意功能——设备偏好，设置如图4-43所示。

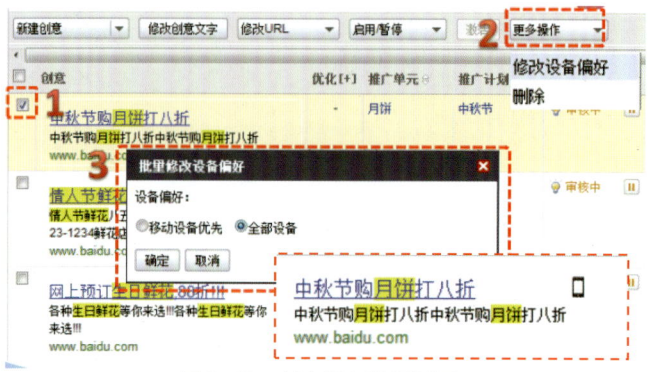

图4-43　创意设备偏好设置

勾选"移动设备优先"后,该创意在质量度相同的情况下优先在移动设备上展现。

相同功能在不同层级的执行设置,如表4-6所示。

表4-6　相同功能在不同层级的执行设置

	账户层级	计划层级	单元层级	关键词层级	创意层级
预算	√	√			
分地域	√	√			
出价			√	√	
否定关键词		√	√		
暂停		√	√	√	√
访问URL				√	√
移动出价比例		√	√		
时段暂停		√			

执行规则依次为:

两层同时设置以计划优先;

两层同时设置以关键词优先;

两层同时设置相加执行;

多层同时设置以高层级优先;

两层同时设置以关键词优先;

两层同时设置以单元优先。

4.4 营销工具介绍

百度营销工具界面如图4-44所示。

图4-44　营销工具界面

4.4.1 关键词规划师

关键词规划师就像一个渔网，帮企业从茫茫词海中打捞出合适的关键词，根据企业的各种需要提供可选择的关键词，从而更好定位潜在客户。关键词规划师界面如图4-45所示。

图4-45　关键词工具

（1）可选择参考地域。

选择参考的推广区域，系统将根据选择地域的日均搜索量和竞争激烈程度寻找关键词，如图4-46所示。

图4-46 参考地域

（2）可选择投放设备。

可以选择单独投放移动设备（如手机）或计算机，默认为投放全部设备，如图4-47所示。

图4-47 投放设备

（3）显示地域扩展词。

可以选择系统给出的包括地域名称的关键词，如图4-48所示。

图4-48　地域拓展词

（4）筛选。

可以根据不同需求进行个性化筛选设置，比如设置系统提供的关键词包含"口语"。如图4-49所示。

图4-49　筛选设置

4.4.2 历史操作记录查询

历史操作记录就像一部航海日志,帮企业把历史的操作记录下来,便于以史为鉴配合查看统计报告,分析出这些操作对企业推广产生了哪些影响。总结过去的经验教训,分析原因,以便于未来做出更正确的决策。

查询最近三个月内,企业对账户做了哪些操作的工具(注:客服能看到自己及客户的操作记录;客户只能查询到其自身的操作记录),如图4-50所示。

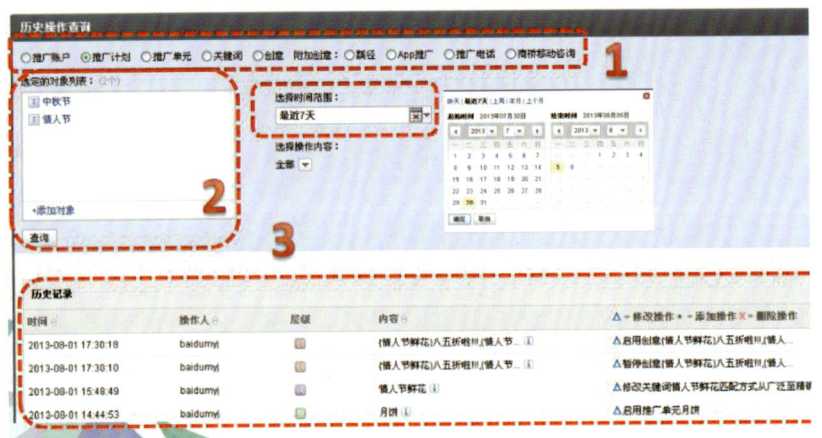

图4-50　历史操作查询界面

(1)选择查询内容。

可选择查询某项功能的操作记录,账户里共有10组160种操作可选择,按需求勾选查询。如图4-51所示。

图4-51　选择查询内容

（2）注意事项。

系统仅提供最近三个月的历史记录，但历史操作记录可下载保存到本地，进而企业可以自己保存更长时间的历史操作记录。

历史操作记录查询的处理时间是"准实时"的，理论上在添加后即可查看，但因机器同步和网络延时等原因，延时应该在1小时以内。

4.4.3 数据报告

数据报告就像一部运动追踪器，帮企业跟踪推广过程，从不同角度评估推广效果，帮助企业根据数据及时得出优化方案。数据报告是提供多种数据指标及多维度数据报告的工具（从推广开始的所有历史数据都保存）。如图4-52所示。

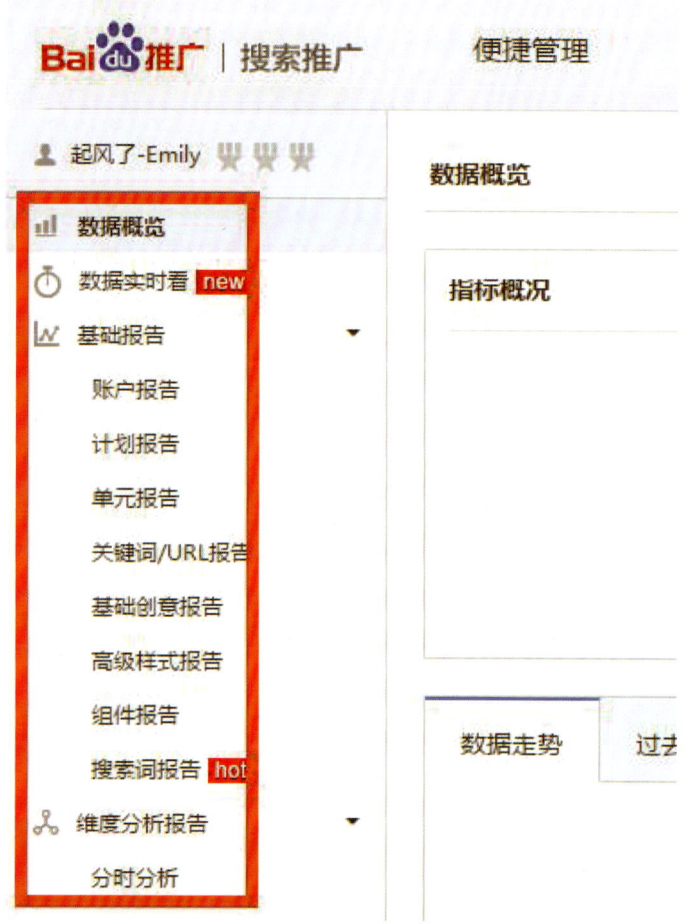

图4-52 数据报告界面

搜索营销

数据报告中9项核心数据，如表4-7所示。

表4-7 数据报告核心数据

数据名称	说明	含义
展现量	推广结果被网民查看的次数	多少网民看到了推广信息
点击量	推广结果被网民点击的次数	多少网民点击了推广信息
消费	推广结果被点击后产生的消费	花了多少钱
点击率	点击量÷展现量	推广信息被点击的比率
平均点击价格	消费总额÷点击次数	平均每次点击产生的消费
平均排名	推广结果排名的一个平均表现	推广结果的排名位置
转化（网页）	设定的页面转化量	多少网民访问了转化页面
转化（电话）	设定的电话转化量	多少网民拨打了绑定电话
转化（商桥）	商桥的沟通量与留言量之和	多少网民在线沟通和留言了

数据报告中13类报告，如表4-8所示。

表4-8 数据报告主要报告

报告名称	报告含义
账户报告	查看账户级别的消费、转化等数据
计划报告	查看计划级别的消费、转化等数据
单元报告	查看单元级别的消费、转化等数据
关键词报告	查看关键词级别的消费、转化等数据
关键词质量度报告	查看质量度分布、关键词竞争力、潜力空间等数据
创意报告	每条创意的消费、转化等数据
动态创意报告	每条动态创意的相关数据
附加创意报告	每类附加创意(蹊径、App推广等)的消费、转化等数据
分地域报告	来自各地域的消费、转化等数据
监控文件夹报告	查看客户关注物料的推广数据
指定范围报告	查看指定范围的数据报告
无效点击报告	查看每天无效点击报告
移动站点质量度报告	查看移动站点质量度对应的数据报告

定制报告是系统根据指定的统计对象范围、报告类型和数据指标生成的统计报告，也可发送邮箱。定制报告，如图4-53所示。

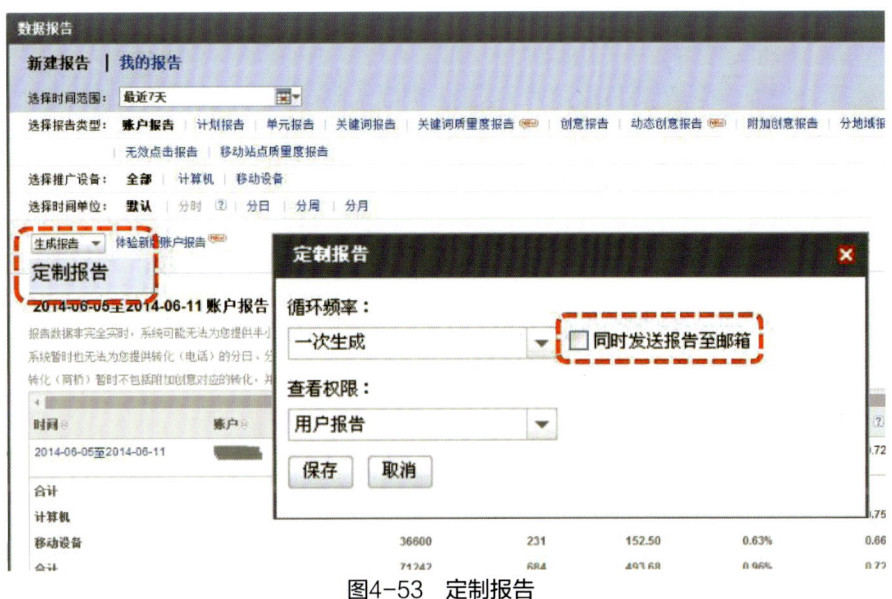

图4-53　定制报告

所有定制的报告都在"我的报告"中，可以对定制的报告进行"查看、下载、删除"操作。查看定制报告，如图4-54所示。

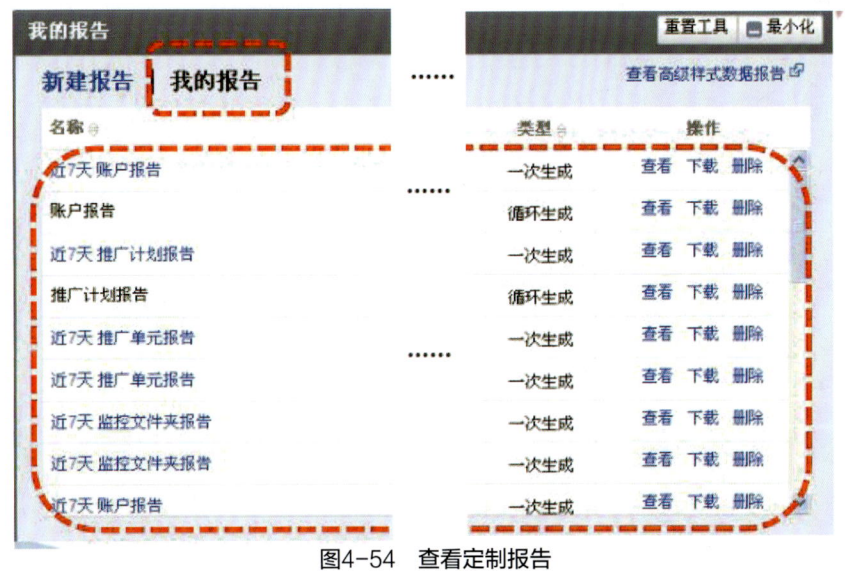

图4-54　查看定制报告

4.4.4 搜索词报告

搜索词报告就像一个听诊器，帮助企业了解网民搜索需求，助企业更好管理关键词。

最近30天网民是通过哪些搜索词找到企业的(只记录有点击的搜索词情况)，如图4-55所示。

图4-55　搜索词报告界面

可选择投放设备，如图4-56所示。

图4-56　选择投放设备

可选择搜索引擎，如图4-57所示。

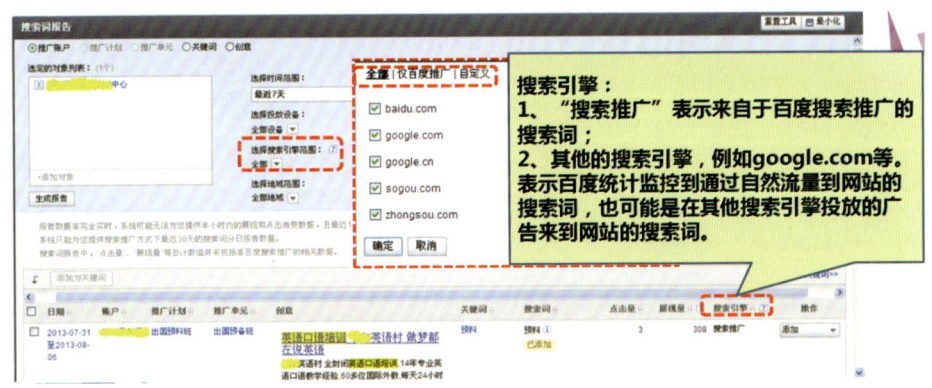

图4-57　选择搜索引擎

可以选择查看来自不同搜索引擎的搜索词（需开通百度统计，未开通查看来自搜索推广）。

可选择地域范围，如图4-58所示。

图4-58　选择地域范围

黄金组合：

短语/广泛匹配可以争取到最多的展现机会；

搜索词报告可以知己知彼，了解哪些关键词最符合网民的搜索需求；

否定关键词能过滤不好的展现，如图4-59所示。

三者搭配使用，就能使企业获得尽可能多的流量、带来尽可能高质量的顾客，同时不浪费企业的推广费用。

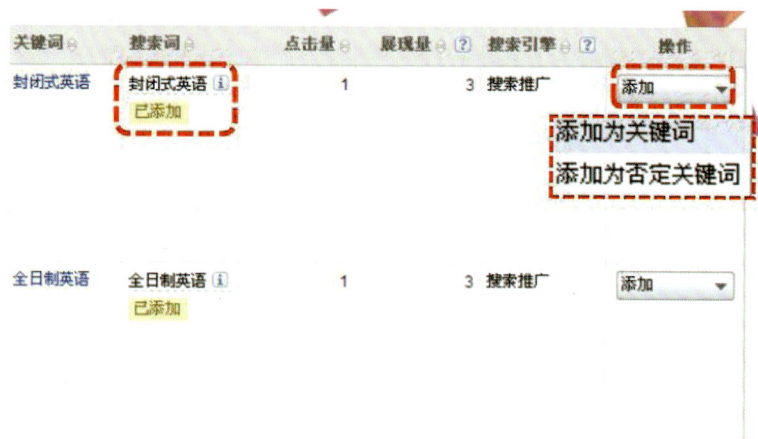

图4-59　添加否定关键词

4.4.5　推广实况工具

推广实况是预览企业推广信息在百度搜索页面展现情况的工具，如图4-60所示。

利用此工具，可方便地查看任一搜索词在某一地域的推广展现情况，可查看当前及前四天推广实况。

使用推广实况查看当前推广展现情况不会产生点击计费，也不会计入展现量数据。

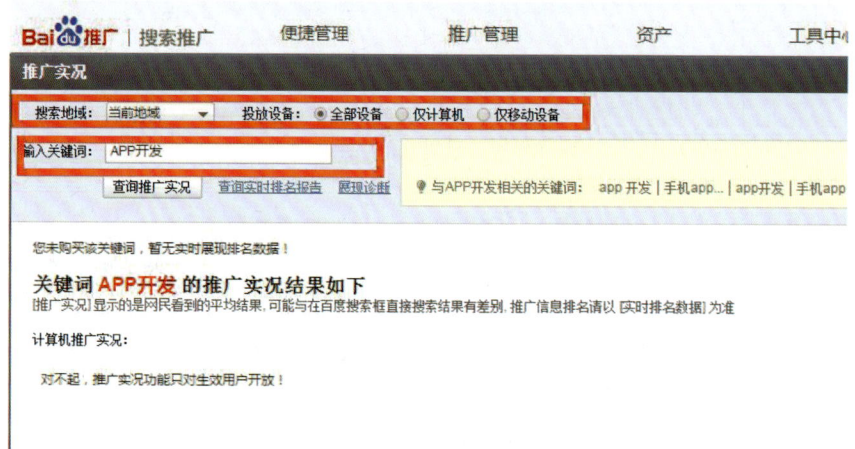

图4-60　推广实况工具

可选择投放设备，如图4-61和图4-62所示。

选择在哪个投放设备查看，系统根据选择的投放设备展现出推广信息情况。

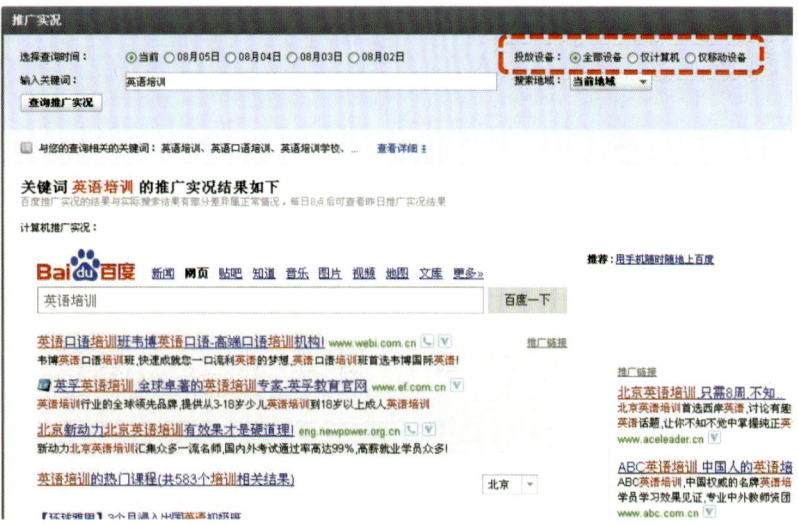

图4-61　PC设备推广实况

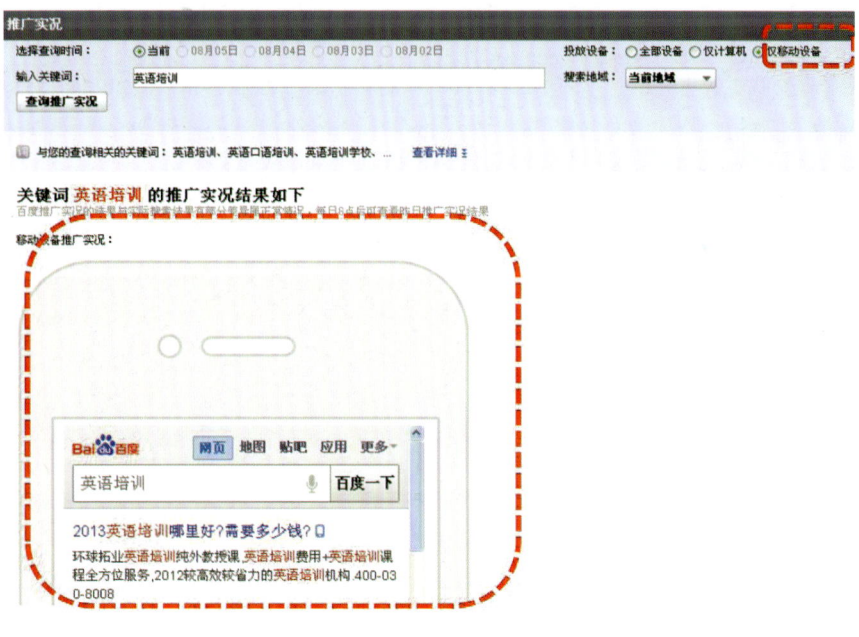

图4-62　移动设备推广实况

地域选择，如图4-63所示。

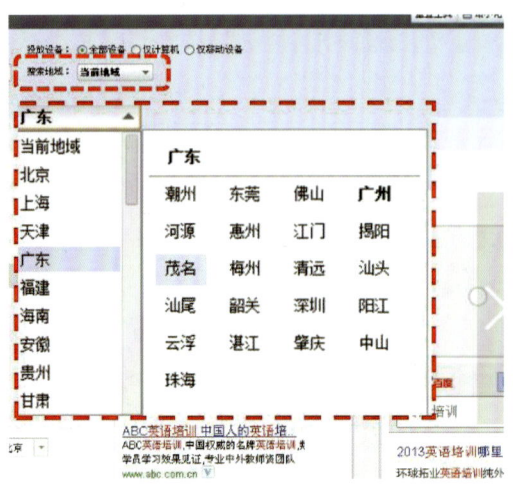

图4-63 地域选择

(1)推广实况的好处。

突破时间:实时了解推广结果的展现情况。

突破空间:可以方便地查看任一关键词在某一地域的推广展现情况。

不影响实际推广效果:可以在不影响实际推广效果的情况下了解推广信息的展现情况。

(2)注意事项。

推广实况展示的推广结果是不参考IP排除因素的,IP排除与推广实况没有关系。

为了防止恶意操作,推广实况使用了验证码,建议不要在短时间内频繁操作。

FIFTH
05

第5章
搜索引擎营销
实战进阶

※ 质量度的分析及优化方法
※ 附加创意
※ 展现样式扩展

搜索营销

5.1 质量度的分析及优化方法

先分析，再优化才是合理高效的方法。

分析：

通过系统披露的信息和工具，定位关键词的质量度状态，确定关键词是否需要优化。

优化：

从质量度的影响因素着手，排名、创意、目标页面就是优化质量度的关键。

5.1.1 质量度的分析

分析思路，如图5-1所示。

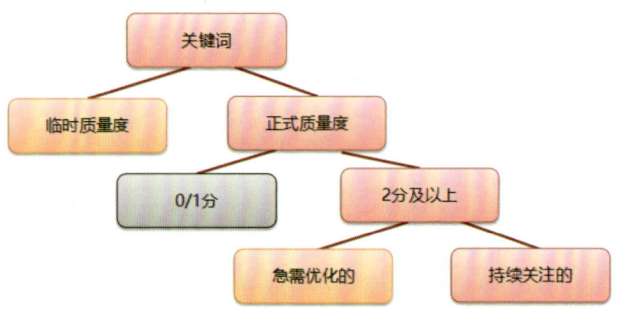

图5-1 质量度优化分析思路

1. 判断质量度的状态

将鼠标移至质量度后会出现浮层，如图5-2所示。

（1）正式质量度：浮层没有提示"临时质量度"即为正式质量度。

（2）临时质量度：有浮层提示，由于不稳定，待积累到一定数据后会变为正式质量度。

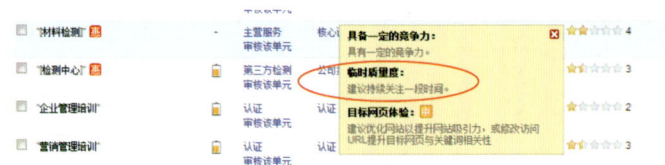

图5-2 临时质量度

2. 关注正式质量度得分

（1）若质量度得分为0分或1分，说明多为违反相关政策或规则的词，无左侧展现资格。参考质量度得分提示，建议着重考量关键词的合理性，并进行关键词替换。如图5-3所示。

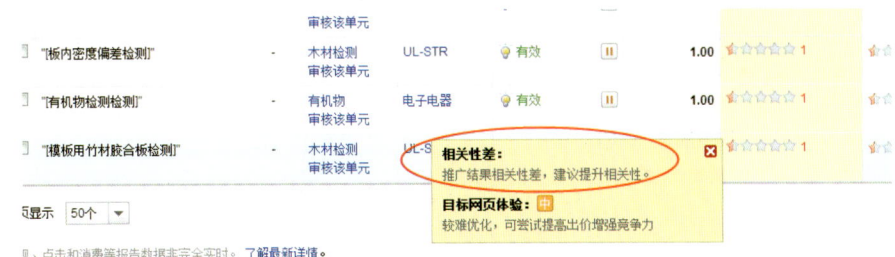

图5-3　正式质量度得分

（2）如图5-4所示，若质量度得分为2分及以上，说明关键词有左侧展现资格，并且得分越高，推广竞争力越强。此时，建议结合"竞争空间"模块，分析关键词是否急需优化。

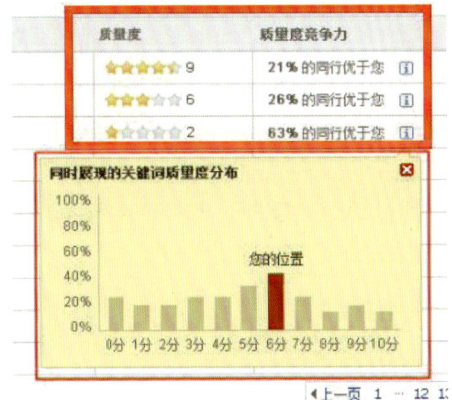

图5-4　2分以上质量度

质量度——竞争空间。

帮助客户了解质量度分布信息，定位自身，确定优化空间和必要性。如图5-5所示为"怎么隆鼻"竞争空间。

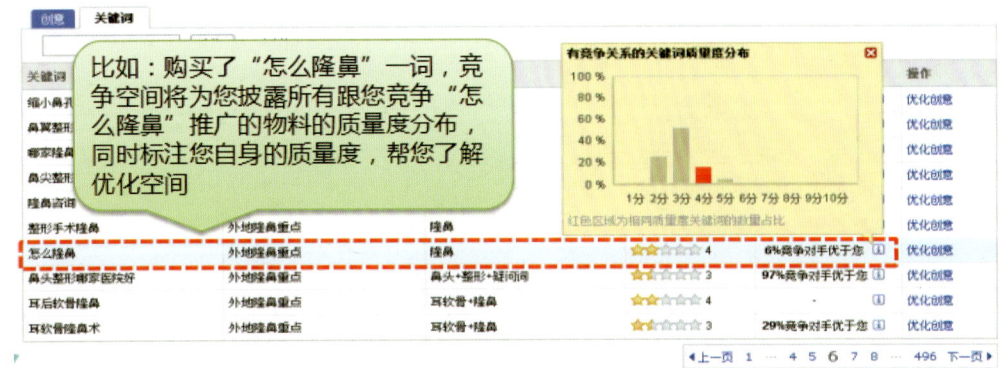

图5-5　"怎么隆鼻"竞争空间

3. 分析哪些关键词急需优化

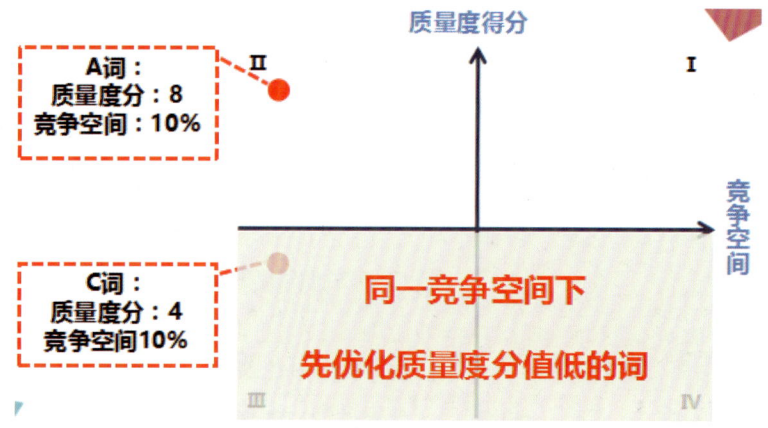

图5-6　同一竞争空间下A词和B词

在同一竞争空间中，因质量度高分段的优化难度远高于低分段，建议优先对质量度得分较低的推广结果重点优化，提升在行业竞争中的优势。

关键词A质量度得分8分，但在行业竞争指标中有10%的客户分布在9分和10分。即A词的行业竞争空间为10%。同理，也可计算出关键词B、C、D的行业竞争空间。

结论：先优化B词。如图5-6所示。

5.1.2　质量度的优化

在同一质量度得分下，行业竞争空间越大，证明自身竞争力越不足。建议先优化此类推广结果，提升在行业竞争中的优势。如图5-7所示为质量度优化因素。

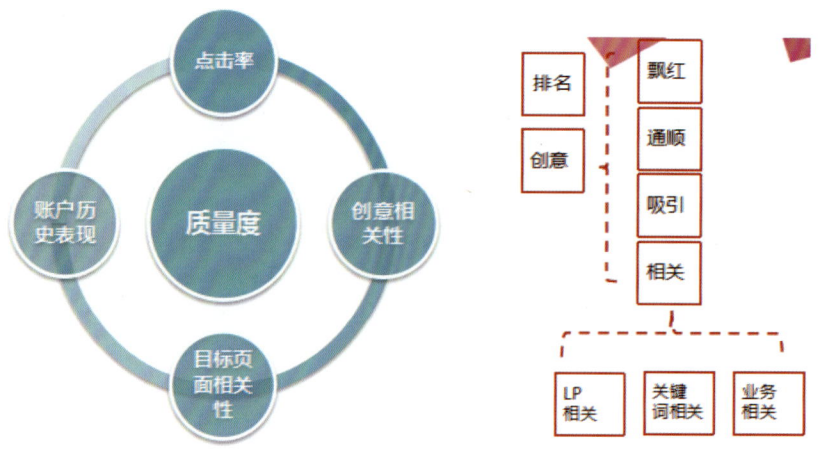

图5-7　质量度优化因素

首先，优化排名，占领位置优势。

高排名的关键词更吸引网民注意，帮助获取更多点击。提升排名将帮助关键词获取更好的质量度。关注重点词排名，适时提高出价，占据优质推广位置，提升质量度，有助于长期获取好的推广结果。

其次，优化创意，抓住网民点击。如图5-8所示。

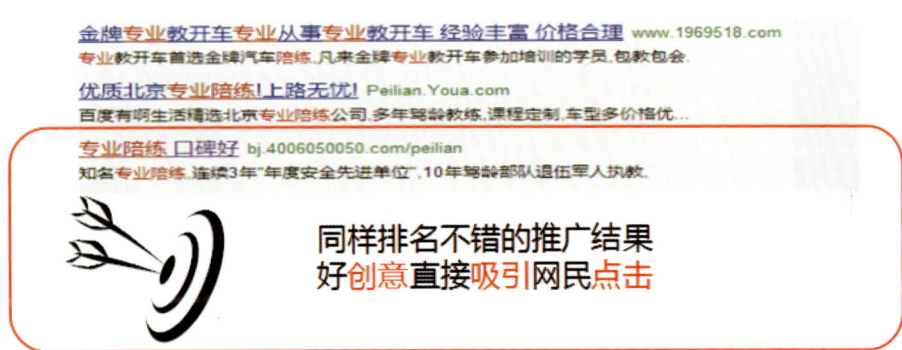

图5-8　好创意吸引点击

优化创意，从以下4步着手，如图5-9所示。

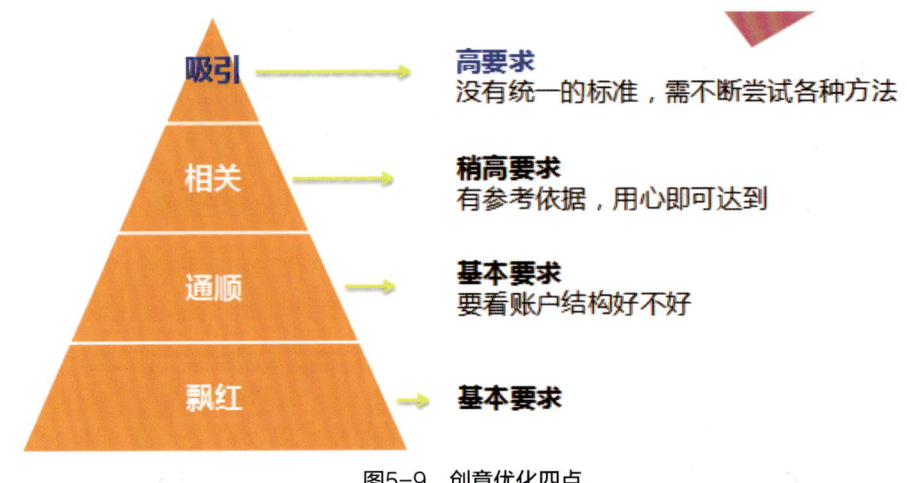

图5-9　创意优化四点

优化目标网页相关性，如图5-10所示。

搜索营销

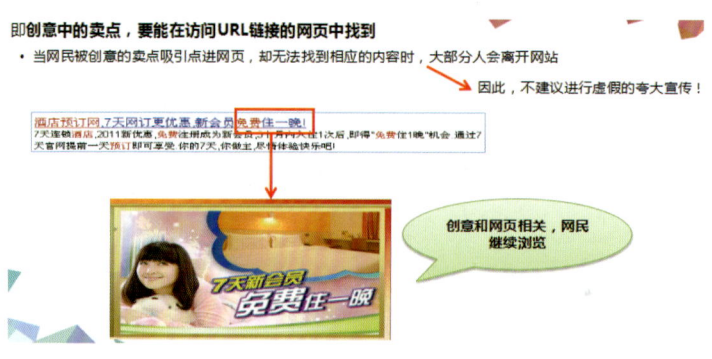

图5-10　目标页面

5.2　附加创意

附加创意是对传统搜索推广样式的补充。通过使用附加创意，可以在原创意基础上添加多种形式的推广信息（如蹊径、推广电话、App推广、商桥移动咨询、网页回呼），为商家提供更加全面而个性化的展示方式，并提高推广链接的点击率。

5.2.1　蹊径

1．产品介绍

蹊径创意是一种只针对左侧首位的百度推广创新样式，在普通百度推广内容中融入了多条子链，使得推广服务具备更多信息表达功能。

优势：更高的流量引导价值、更高的品牌宣传价值、更高的转化促进价值。

计费：按点击计费，点击蹊径子链与点击标题相同费用。

2．投放设备

蹊径子链可以分设备创建。图5-11和图5-12分别为PC端和移动端蹊径展示结果。

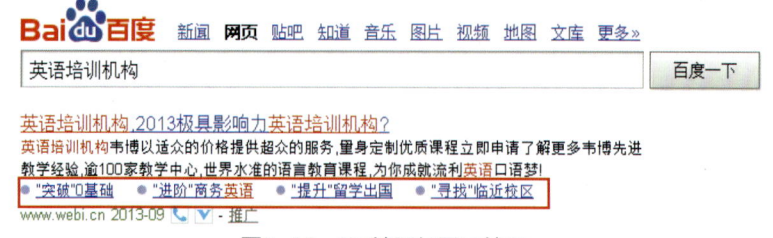

图5-11　PC端蹊径展示结果

图5-12 移动端蹊径展示结果

3. 蹊径撰写和优化策略

（1）撰写要求。

展现在左侧推广区域和左侧推广链接区域的第一位；

子链条数：PC端（3~5条），移动端（1~4条）；

子链描述：单条子链长度最多16个字符，总字符数PC端最多56个字符，移动端最多32个字符。

（2）优化策略。

将最有吸引力的内容写在前两个子链中；

可以考虑将子链的字数由常见的四字、六字增加为八字进行尝试；

用户搜索的关键词出现在子链中，或子链对关键词的解读越细致越好；

分析网民的搜索意图撰写子链；

根据推广目的设计子链可以侧重的修饰词。

（3）蹊径报告。

在数据报告工具中选择"附加创意报告"中"蹊径子链报告"。

可查看蹊径子链触发的关键词及其展现量、点击量、消费、平均点击价格等数据，使客户了解蹊径子链对点击率的提升情况。

注：附加创意报告也可以查看其他附加创意的报告，如图5-13所示。

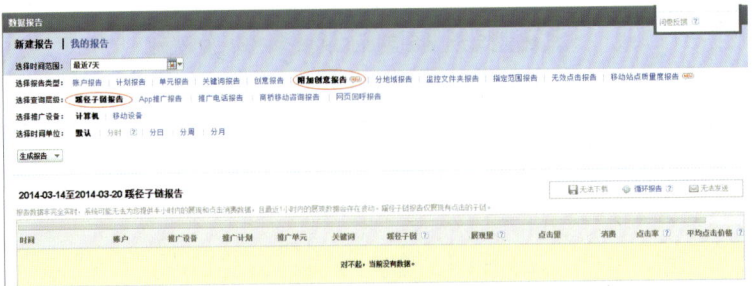

图5-13　蹊径报告

（4）配置蹊径子链。

单击"附加创意"标签，选择"蹊径"类型，单击"新建蹊径子链"；创建其他附加创意，选择相应的类型，如图5-14所示。

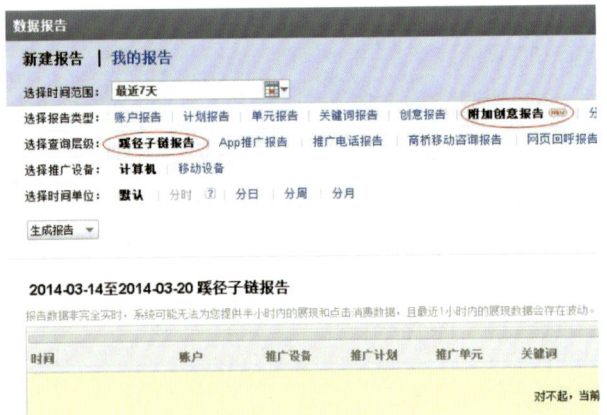

图5-14　新建蹊径子链

配置蹊径子链，如图5-15所示。

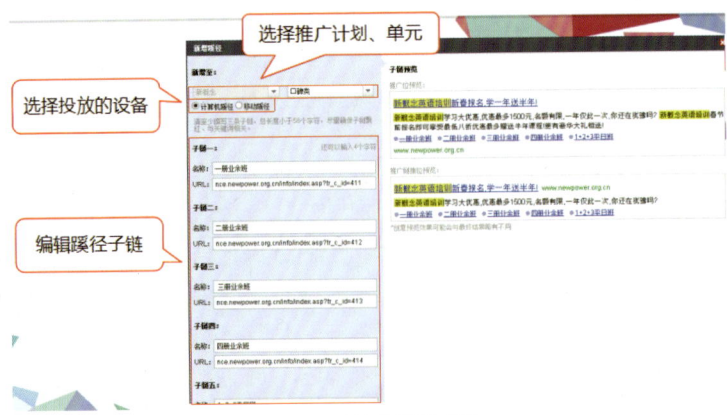

图5-15　配置蹊径子链

5.2.2 推广电话

1. 产品介绍

推广电话是在百度推广结果中展示广告主的推广电话的广告样式，在移动设备上可以实现一键拨打。

2. 投放设备

推广电话号码会展现在全部设备上。如图5-16、图5-17所示。

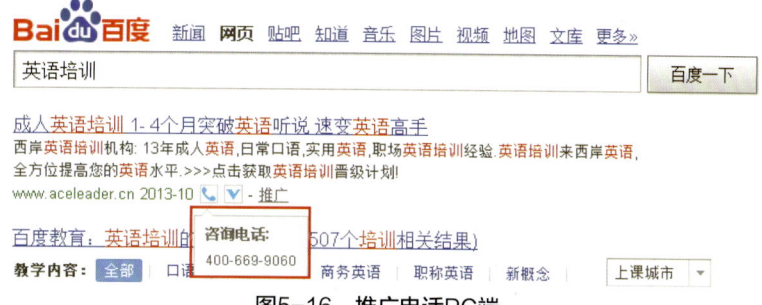

图5-16 推广电话PC端

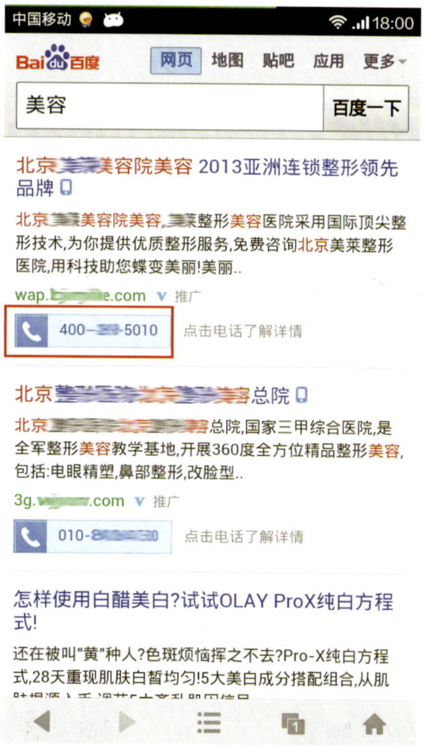

图5-17 推广电话移动端

3. 配置要求

计算机搜索结果仅在左侧前四位出现，移动搜索结果中不限制位置；

一个单元下面仅包含一个推广电话；

允许5~15个字符，包括数字、+、-；

数字或+开头，数字结尾，+只可在第一位，-不能连续。

4. 配置策略

建议使用"-"分割电话数字，如：400-800-8888。如图5-18所示。

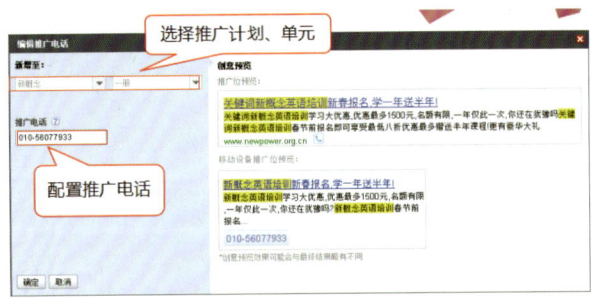

图5-18　配置电话提交界面

5.2.3　网页回呼

1. 产品介绍

如果希望客户来电进行咨询，并且能深度追踪电话转化的相关数据，可以在推广结果中添加网页回呼。由网民输入自己的电话号码，广告主会自动拨通网民电话建立通话，网民接电话免费。

2. 投放设备

网页回呼会展现在全部设备上，如图5-19所示。

图5-19　网页回呼展现结果

3. 配置要求

计算机搜索结果仅在左侧前四位出现。

移动搜索结果中不限制位置，展现优先级高于推广电话，与商桥移动咨询可以同时展现。

4. 配置策略

不建议用400电话作为接听号码，因为会双重收费。配置网页回呼，如图5-20所示。

图5-20　网页回呼提交界面

5.2.4　商桥移动咨询

1. 产品介绍

商桥移动咨询是在百度移动推广结果中展示广告主的百度商桥的广告样式。

设置商桥移动咨询可以方便用户与广告主进行在线交流，为广告主带来更多商业机会。

2. 投放设备

仅针对移动设备投放，如图5-21所示。

图5-21　商桥移动咨询

3. 配置要求

需要安装配置百度商桥客户端，用于接待网民咨询，如图5-22所示。

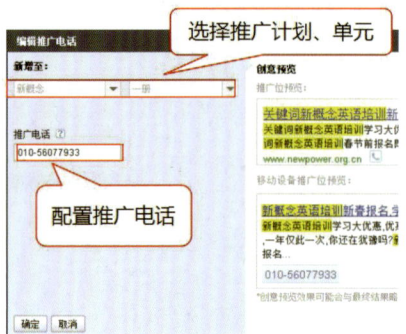

图5-22 商桥移动咨询提交界面

5.2.5 App推广

1. 产品介绍

App推广是在百度移动推广结果中展示广告主的App下载按钮的广告样式。

可以通过点击App推广直接下载移动终端应用程序。

2. 投放设备

仅针对移动设备投放，如图5-23所示。

图5-23 App推广

3. 配置策略

App推广样式的优先级最高，匹配了App推广附加创意的单元只会出现App推广样式。建议客户根据不同单元匹配不同的推广样式。

配置App推广，如图5-24所示。

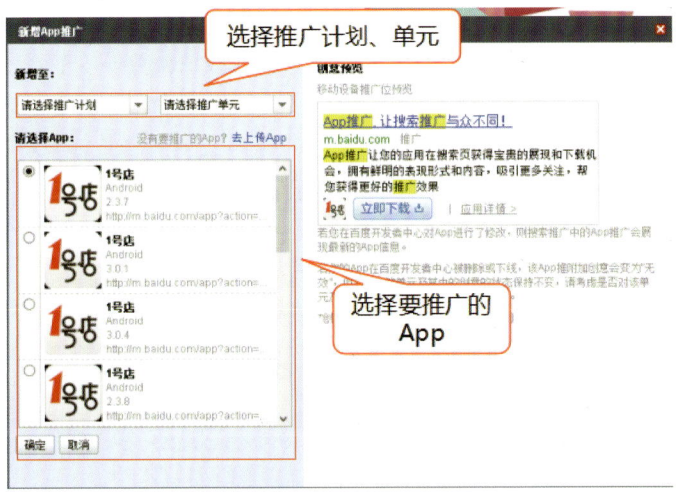

图5-24　配置App推广界面

5.3　展现样式扩展

展现样式扩展页面如图5-25所示。

图5-25　展现样式扩展页面

5.3.1 优惠页推广

优惠页推广是百度推出的，搜索推广产品的新兴推广样式。

在原有搜索推广常规样式的基础上发布优惠信息，如图5-26所示。

图5-26 优惠页推广

鼠标放置于优惠图标，将显示迷你页标题，点击迷你页标题或优惠图标进入迷你页。

1. 优惠页推广——迷你页

优惠迷你页，如图5-27所示。

浏览优惠信息，下载优惠短信。除了优惠信息，企业介绍、官网链接、联系电话、地图位置都可以在迷你页中展现。

图5-27 迷你页

优惠页的推广优势，如图5-28所示。

图5-28　优惠页的推广优势

2. 优惠页推广——机制

（1）展现机制：

百度推广样式和百度推广链接样式均可展示。

账户以单元为单位参加优惠页推广，只要提交优惠页推广物料单元中的任何一个关键词在搜索结果左侧被触发，优惠标识均可展现。

备注：绑定关键词能推左的优质单元，争取优惠标识展现机会。

（2）点击机制：

收费：点击"惠"标识（按点击计费）。

不收费：优惠迷你页所有点击（商家网址、商家电话、地址、图片说明、短信下载）暂时均不收费。

备注：当客户点击"惠"标识后进入迷你页，进行一次计费。若客户之后再返回搜索结果页面点击标题进入网站，需要再次计费。

3. 优惠页推广——入口1

凤巢入口：登录百度推广后台，进入"搜索推广"中的"推广管理"页面后点击"高级样式"即可进入优惠页推广管理系统。如图5-29所示。

图5-29　优惠页登录入口1

4．优惠页推广——入口2

管理平台入口：chuangxin.baidu.com（开通权限后可使用凤巢用户名、密码登录），如图5-30所示。

可以通过物料管理、投放管理、数据报告投放优惠信息并进行数据监控。

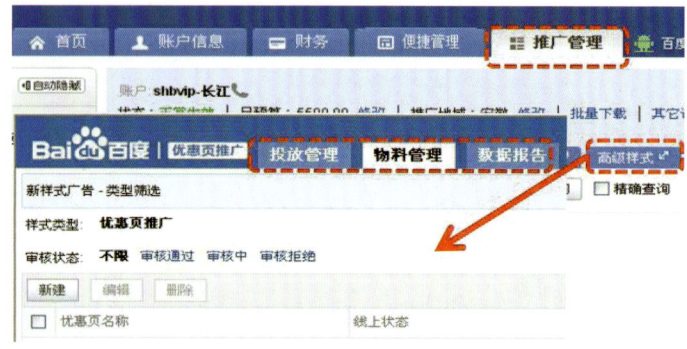

图5-30　优惠页登录入口2

5．优惠页推广——投放

首先点击"物料管理"，进入物料管理页面，点击"新建"，提交迷你页物料。如图5-31所示。

图5-31　迷你页提交界面

（1）填写迷你页内容：

按后台要求，填写优惠页名称、优惠页标题、免费短信下载信息、优惠页使用规则、商家信息、商家网站、商家地址、商家电话，并上传优惠页大图、缩略图（图片大小不超过500K，大图尺寸为529*758，小图尺寸为232*121）。

（2）确定优惠页绑定单元：在页面左侧，选定优惠页投放的单元。

（3）点击确认，制作完成一套优惠页物料。

5.3.2 网站头像

网站头像是百度推出的，搜索推广产品的新兴推广样式。

在原有搜索推广常规样式的基础上增加图标，如图5-32所示。

图5-32　网站头像展示结果

网站头像可以更好地满足网民的搜索体验，方便网民更快找到想要的推广结果，提高推广链接的点击率和转化率。

通过对搜索词下的所有推广结果进行实时评估，用户体验评估结果较高的推广结果会展现网站头像，以增进客户与网民之间更好的用户体验，同时有效提高凤巢优质客户的商业推广效果。

如图5-33所示，"去哪儿网"网站头像在推广结果中展示。

图5-33　"去哪儿网"网站头像

1. 网站头像——机制

展现机制：

（1）网站头像以账户维度，参与网站头像推广。

（2）展现网站头像，同时满足下列条件：

客户开通了网站头像且审核通过；

推广结果在左侧；

客户网站（跳转URL）站点质量符合要求；

推广结果经后台机制判断，能满足用户体验。

点击消费：

（1）按点击计费，点击图标或文字都进入客户网站页面；

（2）点击网站头像，跳转URL与文字创意相同。

2. 网站头像——入口

入口1：平台入口：chuangxin.baidu.com（开通权限后可使用凤巢用户名、密码登录）。

入口2：登录百度推广后台，进入"搜索推广"中的"推广管理"页面后点击"高级样式"，即可进入网站头像管理系统。

3. 网站头像——投放

点击"物料管理"，进入物料管理页面，点击"新建"，提交物料。如图5-34所示。

图5-34　新建网站头像

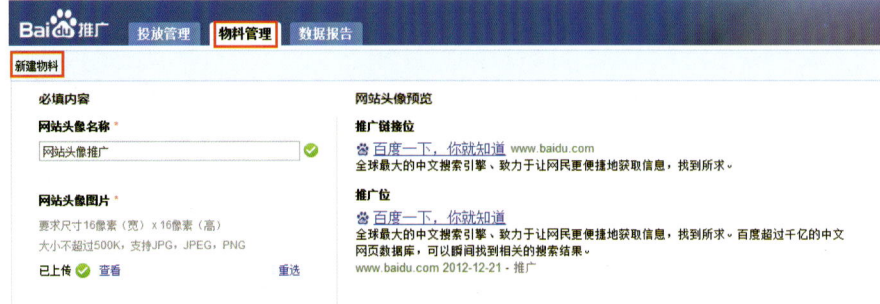

图5-35　网站头像管理界面

提交物料后，客户可即时预览网站头像的展示情况，如图5-35所示。

若物料不符合要求，系统会给出提示，请客户按要求修改。

5.3.3 凤巢图文

凤巢图文是百度搜索推广产品的新兴图文样式，是企业迅速提升重点推广单元、核心推广计划高质点击的高级样式。如图5-36和图5-37所示为搜索"婚纱摄影"和"蛋糕"的凤巢图文结果。

图5-36 搜索"婚纱摄影"凤巢图文结果

图5-37 搜索"蛋糕"凤巢图文结果

1. 凤巢图文样式——PC端（图5-38）

图5-38 凤巢图文——PC样式

展现位置：大搜左侧推广位/推广链接位首位；

图片尺寸：121*75像素（宽*高）——可与移动图文共用一套物料；

投放层级：支持最细投放至推广单元；

匹配方式：仅支持短语匹配和精确匹配；

点击计费：仍按搜索推广CPC计费，不另外收取其他费用。

2. 凤巢图文样式——移动端（图5-39）

图5-39　凤巢图文——移动样式

展现位置：高端机上方首位；

展现尺寸：108*108像素（宽*高）——可与PC图文共用一套物料；

投放层级：支持最细投放至推广单元；

匹配方式：仅支持短语匹配和精确匹配；

点击计费：仍按搜索推广CPC计费，不另外收取其他费用。

3. 凤巢图文的优势

便捷操作：一套物料、一个后台、PC+移动双屏投放、整合型营销，覆盖更多流量；

物超所值：CPC计费，更多信息曝光，更多投放方式，提高首位点击；

资源稀缺：门槛限定、首位触发、强样式展现，优质客户配备优质资源。

4. 凤巢图文——准入门槛

（1）百度推广生效客户（已加V，并正常推广）；

（2）非敏感行业（除"医疗\成人用品\食品保健品中的保健品"行业）；

（3）根据行业最近半个月的平均日消费满足一定条件，客户无须申请，系统按上述要求每天自动开通权限。

5. 凤巢图文——入口

入口1：平台入口：chuangxin.baidu.com（开通权限后可使用凤巢用户名、密码登录）。

入口2：登录百度推广后台，进入"搜索推广"中的"推广管理"页面后点击"高级样式"即可进入。如图5-40所示。

图5-40 凤巢图文——入口

6. 凤巢图文——提交物料

STEP1：点击"新增凤巢图文"，如图5-41所示。

图5-41 新增凤巢图文

STEP2：选择目标单元，如图5-42所示。

勾选计划默认选择计划下全部单元；

每个单元最多可绑定10个计算机物料，10个移动端物料；

各单元分别记录已绑定物料数。

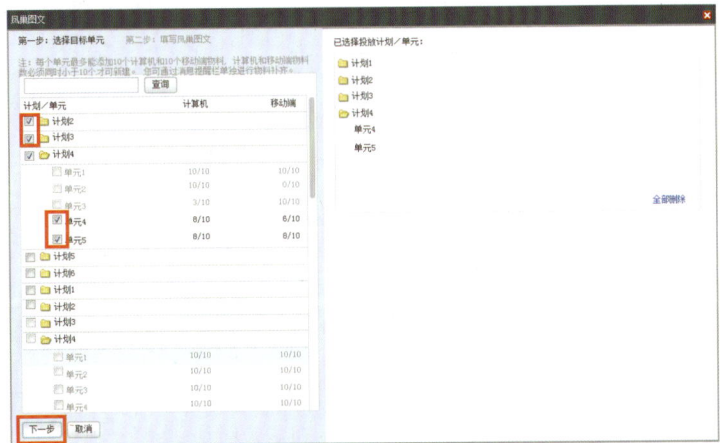

图5-42 选择要投放的计划或者单元

STEP3：填写凤巢图文，如图5-43所示。

图5-43 填写凤巢图文

7．凤巢图文——提交物料

编辑计算机、移动图文创意（可选）。因PC、移动端图片比例不同，如使用同一张图片可能出现比例压缩。故后台提供编辑图片功能，可进行剪切。如图5-44所示。

图5-44

8. 凤巢图文——投放管理（图5-45）

图5-45　凤巢图文——投放管理

5.3.4　闪投

闪投是百度搜索推广产品的新兴样式，有效利用客户提供的结构化产品信息，使搜索推广用户投放更便捷，带来更多优质流量及转化。闪投展现样式如图5-46所示。

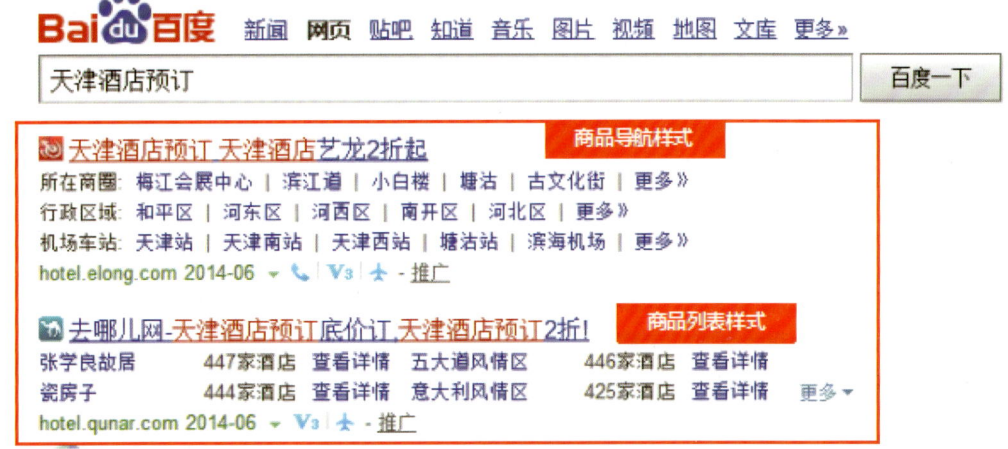

图5-46　闪投展现样式

闪投样式——商品导航样式。如图5-47所示。

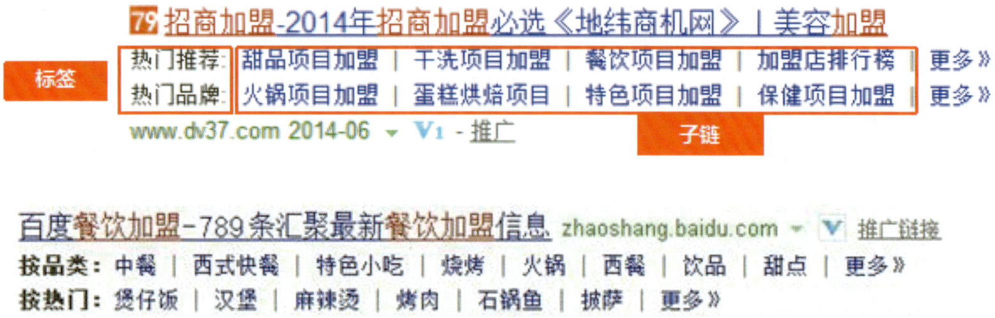

图5-47 商品导航样式

注：展现在推广位首位——3行商品导航，非首位——2行商品导航，推广链接位任意位次——2行商品导航。

闪投样式——商品列表样式，如图5-48和图5-49所示。

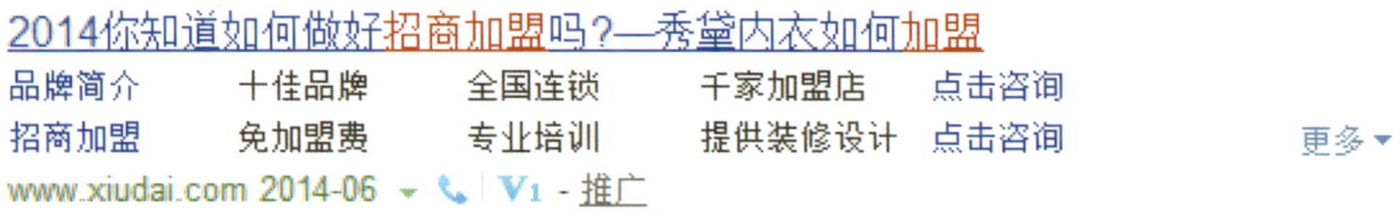

图5-48 商品列表样式

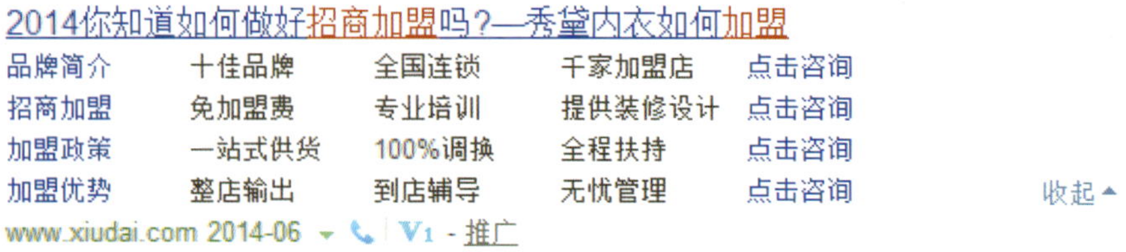

图5-49

1. 闪投——机制

展现机制：

（1）大搜索左侧推广位/推广链接位；

（2）商品导航和商品列表可同时展现；

（3）商品导航和商品列表的总和最多显示2条；

（4）按出价和质量度共同影响排名；

（5）仅支持短语匹配和精确匹配的词能展现。

点击消费：

（1）按搜索推广CPC计费。

2. 闪投——准入门槛

（1）敏感行业：成人用品、医疗服务、食品保健品中的保健品。

准入门槛：日均消费达到一定条件。

（2）非敏感行业：

KA客户——准入门槛：无日均消费要求。

非KA客户——准入门槛：日均消费达到一定条件。

3. 闪投——入口

打开百度推广助手，并登录账户。

点击工具栏"插件"->"百度闪投"->"百度闪投"，打开插件。如图5-50所示。

图5-50　百度闪投

4. 闪投——投放方式

闪投操作步骤和创建闪投计划如图5-51和图5-52所示。

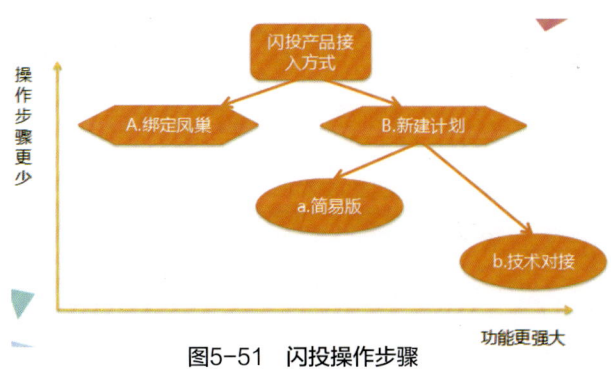

图5-51　闪投操作步骤

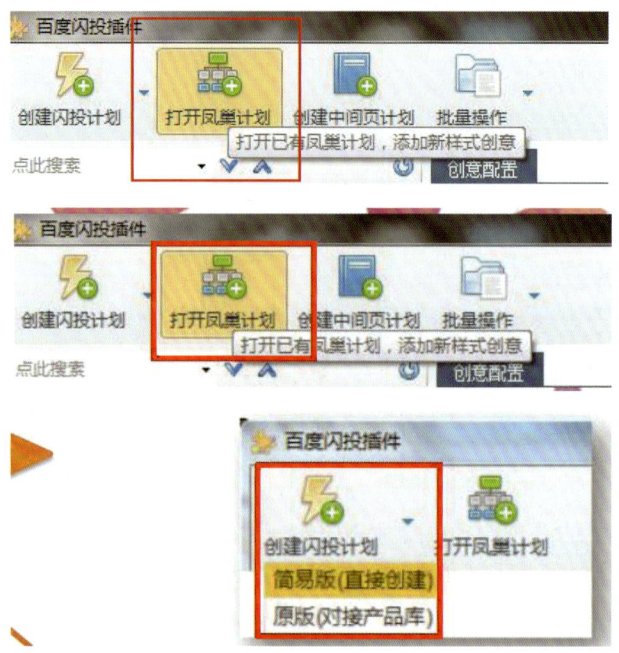

图5-52 创建闪投计划

凤巢图文与"闪投"的差别如图5-53所示。

"闪投"目前有两种展现样式,分别为"闪投商品列表""闪投商品导航"。精准/短语匹配首位展现时出现图文,下方可以出现闪投列表、导航样式。建议客户同时绑定凤巢图文和闪投物料。

凤巢图文展现优先级高于闪投商品列表、闪投商品导航——共同展现图文在上,闪投在下;展现位置不同——凤巢图文只在左侧推广、推广链接首位展现。

门槛:使用闪投需要线下人工申请准入权限——凤巢图文可以系统自动开通。

图5-53 凤巢图文与"闪投"

凤巢图文与品牌起跑线的差别如图5-54所示。

建议客户将两种广告形式结合使用，占据更大的搜索结果面积。

品牌起跑线的展现优先级高于凤巢图文——品牌起跑线在上，凤巢图文在下；

购买方式不同——凤巢图文可购买更广泛的关键词，品牌起跑线只能购买品牌词、通用词；

计费方式不同——品牌起跑线按时段计费，凤巢图文按点击付费。

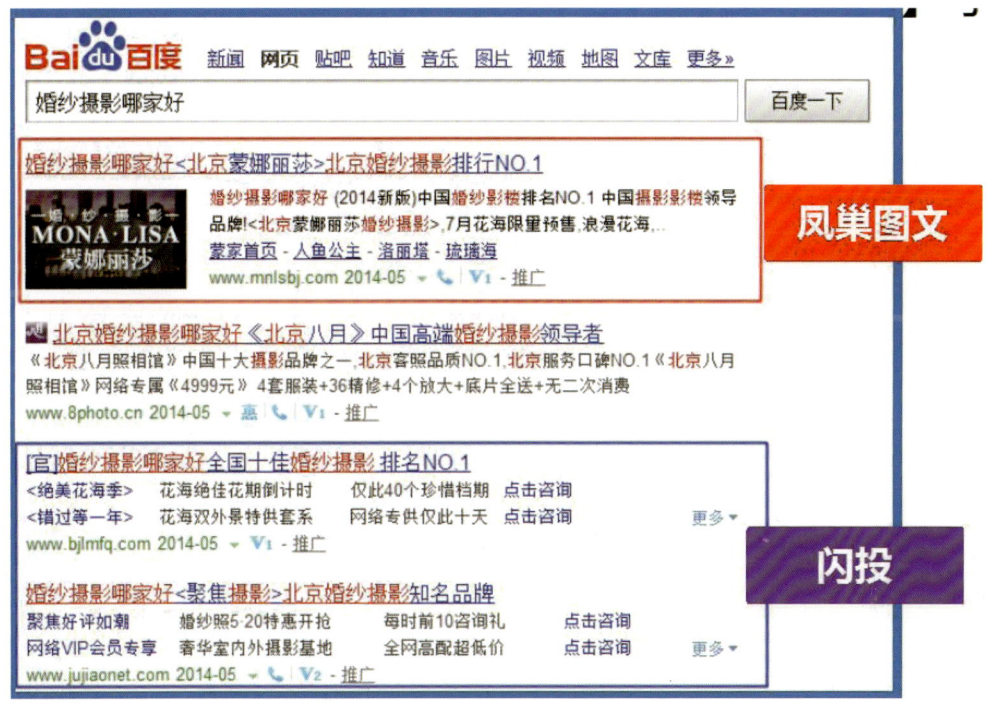

图5-54　凤巢图文与品牌起跑线

不建议客户在两者间进行取舍，而是建议客户同时投放，占据搜索结果首页大部分位置，既推品牌也推效果。

5.3.5　动态创意

动态创意是根据对网民搜索和背景的分析判断网民的需求，动态地从客户的网站中抓取网民需要的信息并呈现给他，做到更精准地投放。如图5-55所示。

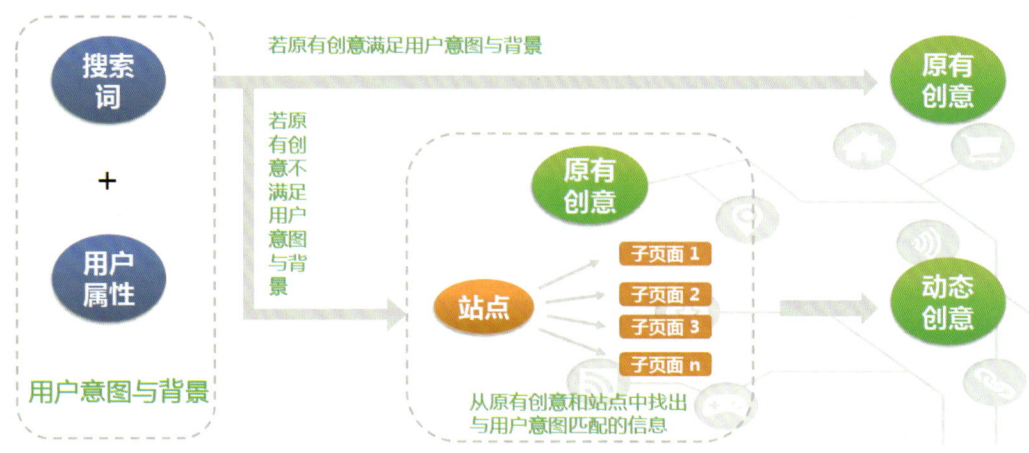

图5-55　动态创意展现机制

动态创意的价值如图5-56所示。

图5-56　动态创意的价值

1. 动态创意——机制

展现机制：

（1）排序：按质量度*出价的规则；

（2）匹配方式：精确、短语、广泛匹配方式都有可能触发动态创意；

（3）可叠加附加创意：可与如下创意叠加展现，包括PC和无线电话、PC和无线蹊径、PC和无线凤巢图文、无线回呼、移动商桥、移动搜索App推广。

（4）避让强样式：只在普通样式上会展现动态创意，不影响品牌类产品及强样式类产品，包括PC和无线品专、PC闪投列表、无线黄金展位、无线电话强样式、无线App推广强样式。

点击消费：

（1）按CPC计费；

（2）副标题可点击，与原标题是同一个链接。登录页面不变，计费也不变。

动态创意如何生成？

不需要自提创意和登录页面页的URL，系统自动生成；

原有的跟踪参数可自动补上。

2. 动态创意——功能（图5-57）

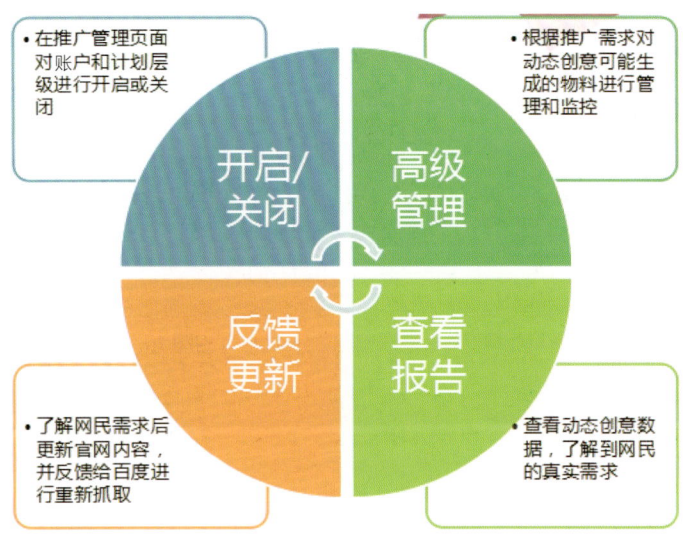

图5-57　动态创意功能

3. 动态创意——开启/关闭：账户层级设置

进入推广管理，点击其他设置，弹出"账户其他设置"浮层。在"账户其他设置"浮层上，点击"动态创意"标签。如图5-58所示。

图5-58　动态创意设置界面

勾选"启用动态创意功能",并点击"保存"按钮,则整个账户的动态创意功能就已开启;反之取消勾选,则关闭。如图5-59所示。

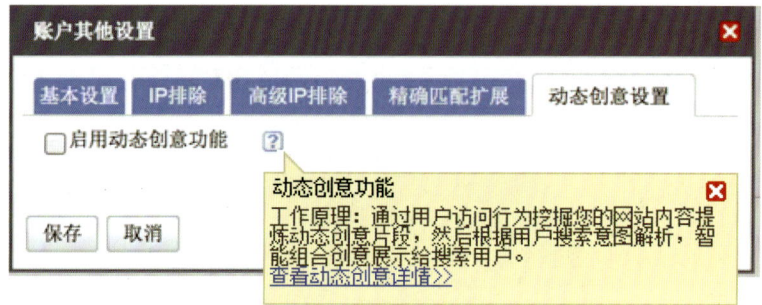

图5-59 启用动态创意

第6章
搜索引擎营销方案设计

※ 方案制作思路及营销目标的确定
※ 选词分析
※ 创意表现
※ 账户设置

搜索营销

6.1 方案制作思路及营销目标的确定

6.1.1 方案制作思路

1.投放目标分析

对投放目标的分析是一切营销活动的前提。只有定准目标，了解受众以及洞察市场情况，才可制定出有针对性的投放方案。

（1）营销目标。

营销目标是指在本计划期内所要达到的目标，是营销计划的核心部分，对营销策略和行动方案的拟定具有指导作用。营销目标是在分析营销现状并预测未来的机会和威胁的基础上确定的。

市场营销目标由销售额、市场占有率、分销网覆盖面、价格水平等指标组成。

网络营销目标，如图6-1所示。

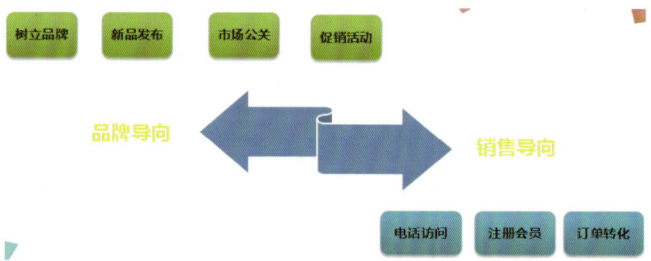

图6-1　网络营销目标

网络营销目标的确定过程，如图6-2所示。

图6-2　网络营销目标确定

网络目标市场分析，如图6-3所示。

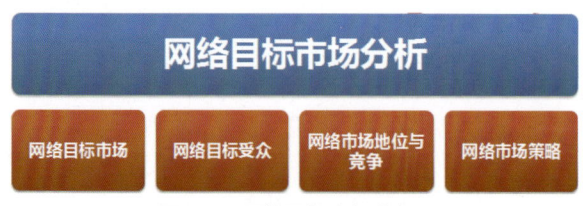

图6-3　网络目标市场分析

网络目标市场：

项目开展之前，需要评估细分市场的规模、发展前景和供求状况，然后根据市场潜力做出分析方案。这种评估应该建立在客观的基础之上，而且应该充分考虑理想状态、一般状态和不理想状态下分别是什么样的规模和前景。同时，在考虑细分市场的前景过程中，我们要充分考虑社会科技发展的影响。

分析细分市场的风险因素。有市场就有竞争，而竞争必然带来风险，风险来自客户需求的变化，社会经济景气度的波动、社会人力资源供求状况和企业自身调整与经营能力风险等。

分析企业自身的优势和市场需求。这是从自身出发来评估细分市场是否是你所在企业适合的市场。最适合的才是最好的。一个有潜力的细分市场，只有符合你所在企业的发展规划，在你的企业能满足该市场需要的人力、物力资源时，才是真正意义上的好的细分市场。而且，你应当确定你所在企业有一定的优势，至少在进入这一细分市场的一定时期内，这种优势不会轻易被竞争者所取代。

最后即是供与求，市场中两大基本力量，它们的变化趋势往往是决定市场发展方向的根本原因。供不应求时，企业重在扩大供给，无暇考虑需求差异，所以采用无差异市场营销策略；供过于求时，企业为刺激需求、扩大市场份额殚精竭虑，多采用差异市场营销或集中市场营销策略。从市场需求的角度来看，如果消费者对某产品的需求偏好、购买行为相似，则称之为同质市场，可采用无差异市场营销策略；反之，为异质市场，差异市场营销和集中市场营销策略更合适。

如图6-4所示是以中国网络招聘市场分析作为案例。

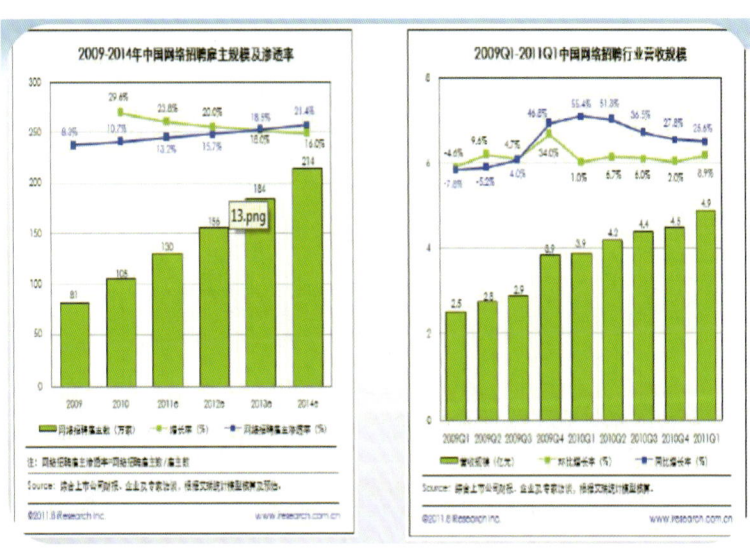

图6-4　中国招聘行业市场分析

如图6-5所示是中国招聘市场中的汽车维修人员需求走势。

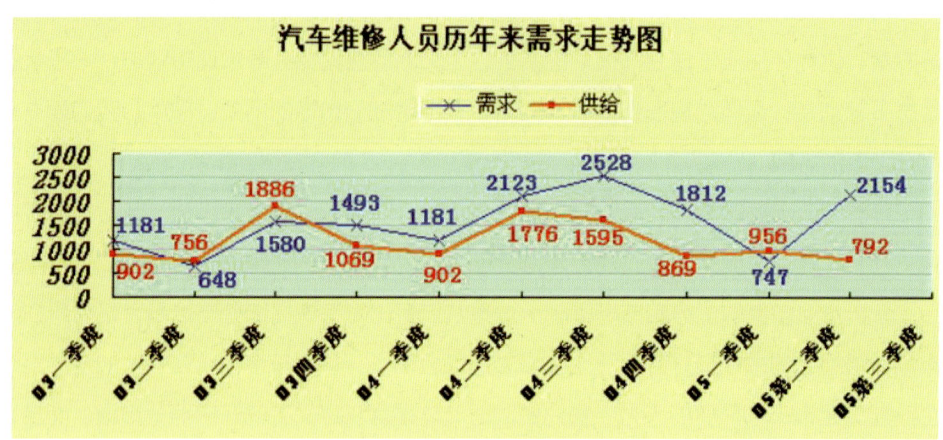

图6-5 汽车维修人员需求走势

（2）网络目标受众。

分析网络目标受众的购买心理、属性及购买行为，如图6-6所示。

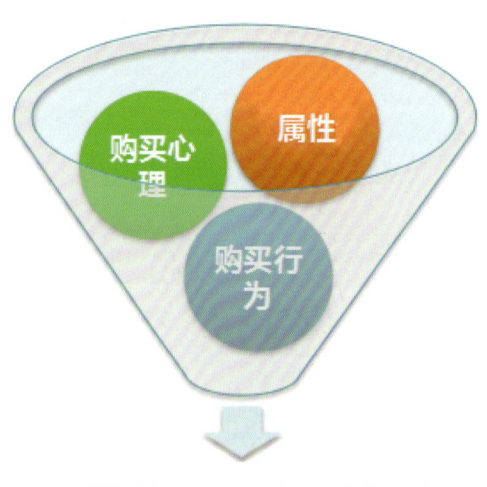

图6-6 受众分析

网络目标受众属性分析：

明确营销目标，需要明确目标受众的自然属性，自然属性分为地域属性和人群属性。地域属性即是你的目标客户群体分布在哪个地区；人群属性则是对目标受众人群的详细分析，其中包括性别分布、年龄分布、职业分布、学历分布等。如图6-7所示。

网络目标受众购买心理和行为分析：

明确营销目标，需要研究受众的购买心理和动机，至于信息获取方式和购买行为属于确定推广方式时要考虑的内容。如图6-8所示为部分受众心理和行为分析数据。

研究受众的购买心理和动机的目的：

① 可针对不同购买阶段的不同需求以及决策过程中对产品的交互需求，选择合适的推广渠道和针对性的推广内容；

② 可知道目标受众在哪里，针对性地展现推广信息；

③ 可制定促销策略，如对影音视频感兴趣的80后女性，可以在妇女节、母亲节进行活动促销推广；

④ 可在需求旺盛的时间选择全天投放并分配较多预算；

⑤ 可分析企业在目标受众心中的品牌影响力，为营销目标的制定提供依据。

图6-7 受众属性分析

搜索营销

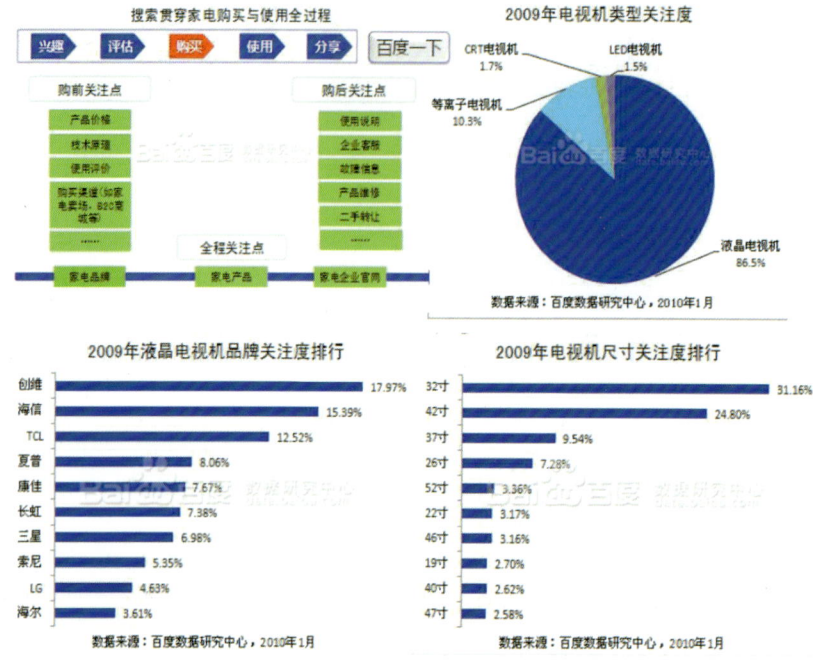

图6-8 受众购买心理和行为分析

（3）市场地位分析。

市场地位分析包括：

自身的市场份额、定位、品牌影响力、产品特征和优缺点、销售与媒体策略。如图6-9所示。

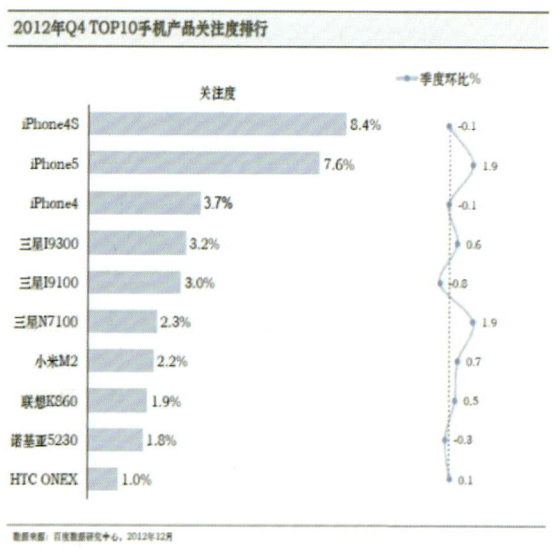

图6-9 手机市场地位分析

竞争分析如图6-10所示。

竞争分析包括：竞争对手的市场份额、定位、品牌影响力、产品特征和优缺点、销售与媒体策略。

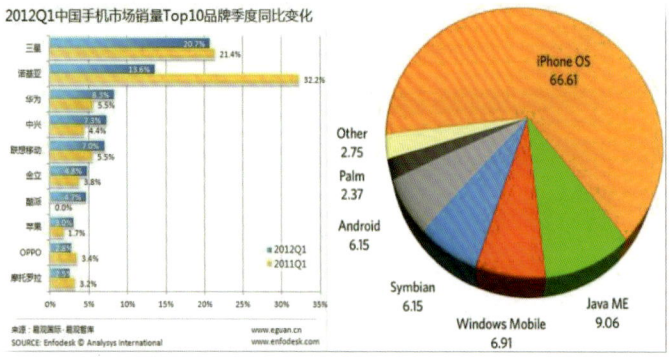

图6-10　竞争分析

（4）网络市场策略。

网络市场策略包括：市场领先者策略、市场挑战者策略、市场追随者策略、市场补缺者策略。

数据的来源如图6-11所示。

图6-11　数据来源

来源于企业自身，如图6-12所示。

企业历史经营数据、市场营销数据和财务数据、企业本年度制定的销售目标、企业所属行业发布的数据。

图6-12　企业自身数据来源

来源于搜索引擎,如图6-13所示。

图6-13 搜索引擎数据来源

来源于第三方数据公司,如图6-14所示。

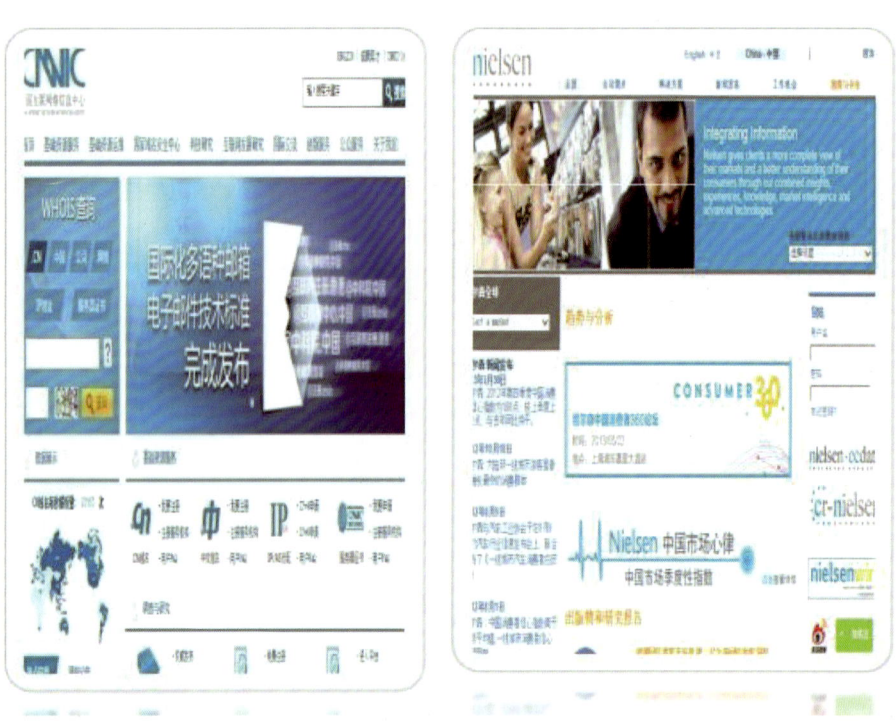

图6-14 第三方数据公司来源

分析销售目标:销售达成指标、同比变化、预计增长方向、销售目标分解、网络营销目标&主要关键指标KPI,如图6-15所示。

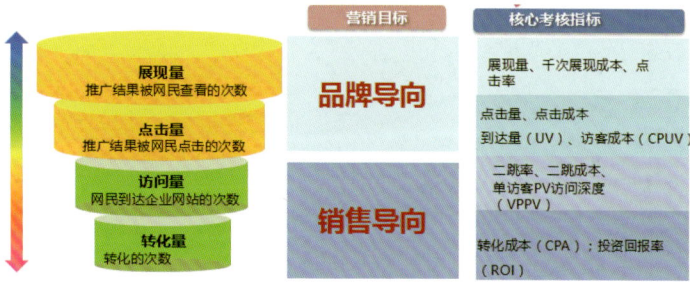

图6-15 营销指标

6.1.2 营销目标确定

目标的制定原则：

Specific, 特殊的/具体的；

Measurable, 可衡量的；

Achievable, 可完成的；

Realistic, 现实的；

Time-Based, 时效性。

案例：企业制定营销目标的过程如下。

营销目标之目标市场分析：

企业类型：制造型企业；

所属行业：IT行业，PC；

市场地位：世界500强企业；

市场状况：近年来由于平板电脑的热销，公司传统PC产品的市场低迷；

营销目标：提升其品牌影响力，扩大市场份额、获取更多的客户；

推广策略：加强网络营销的力度。

（1）目标市场分析——市场规模。如图6-16和图6-17所示。

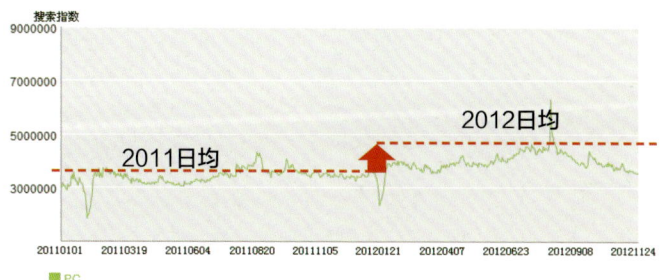

图6-16 平板电脑日均搜索

搜索营销

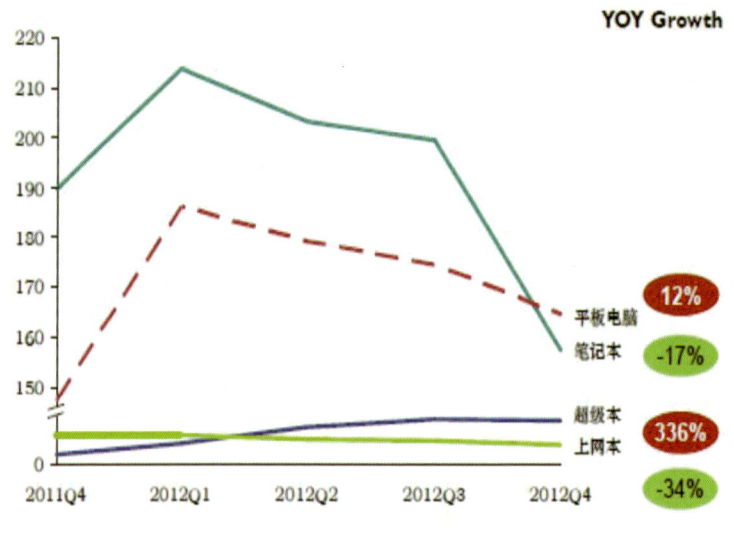

图6-17 平板电脑市场规模

市场发展趋势：

2012年Q4（第四季度）同比2011年Q4增长率来看，笔记本市场增长乏力，平板电脑市场Q4同比增长12%，保持稳定增长。随着平板电脑快速爆发式的增长，一定程度上抢占了笔记本的市场关注度。

（2）目标市场分析——目标受众。如图6-18至图6-22所示。

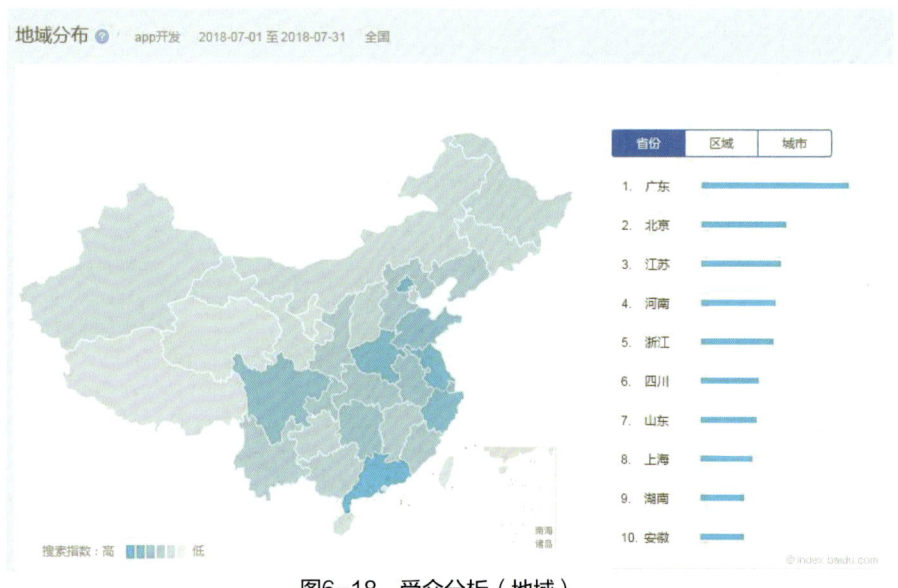

图6-18 受众分析（地域）

第6章 搜索引擎营销方案设计

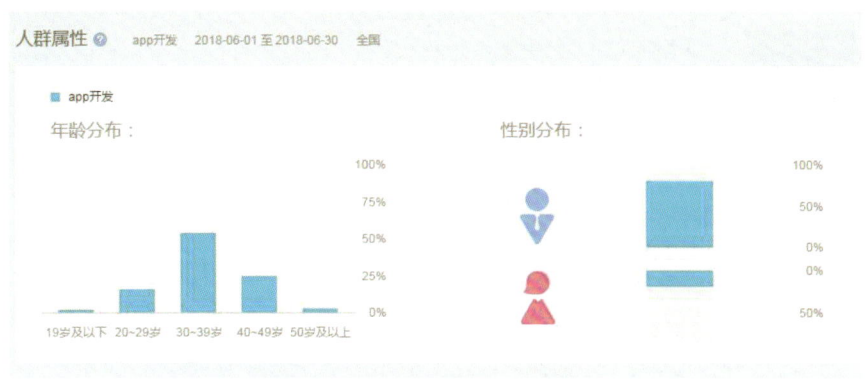

图6-19 受众分析（年龄、职业）

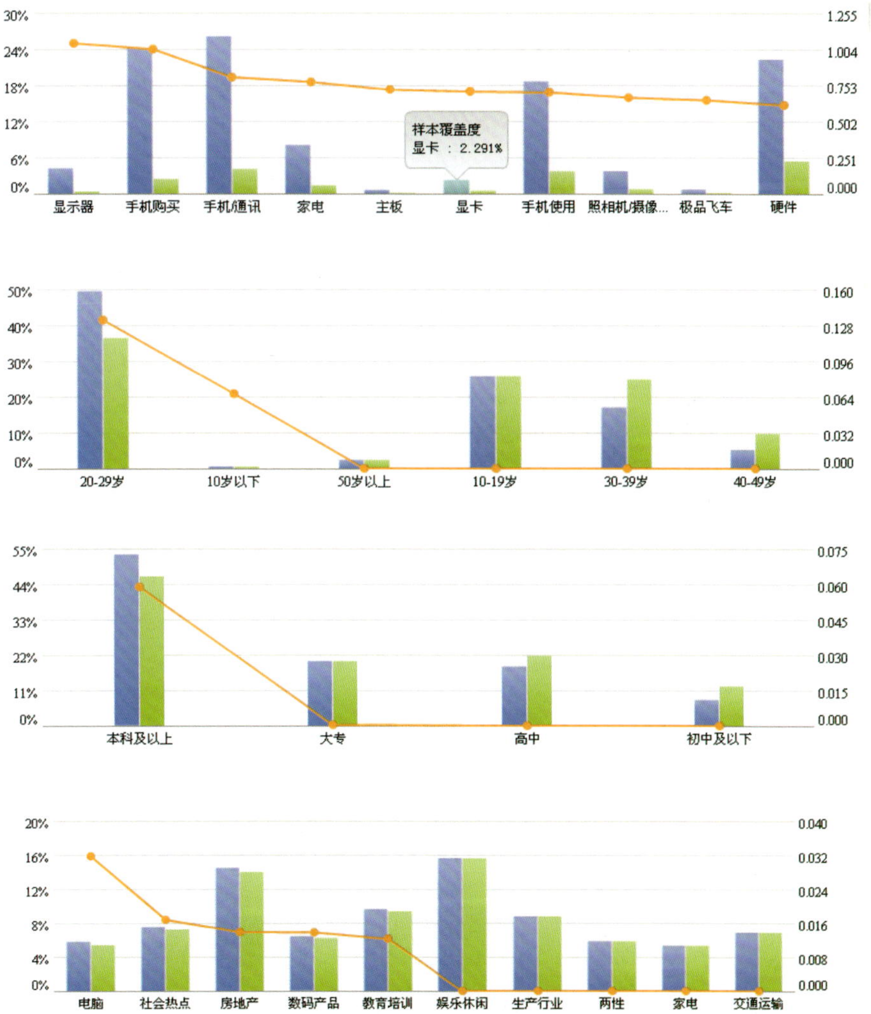

图6-20 平板电脑目标受众分析

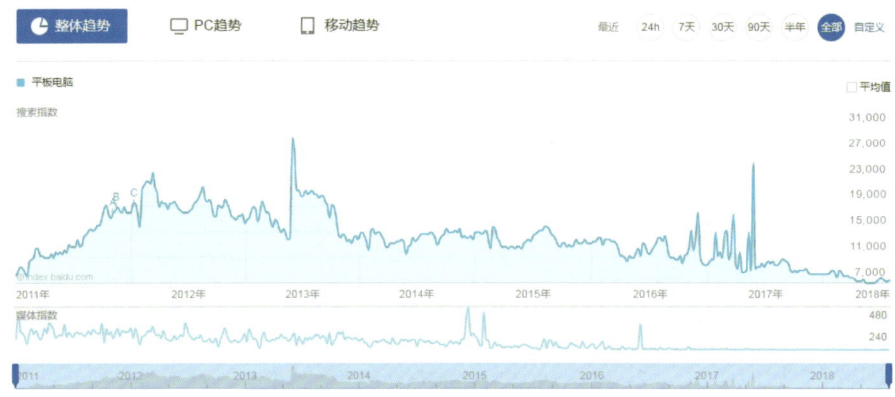

图6-21 平板电脑某时间用户关注度

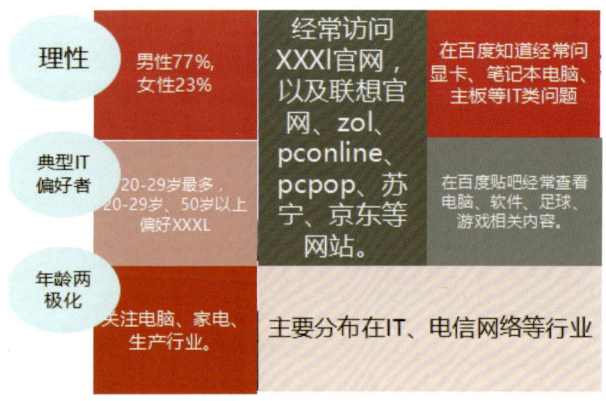

图6-22 平板电脑目标受众（兴趣）

网民对产品的关注点，如图6-23所示。

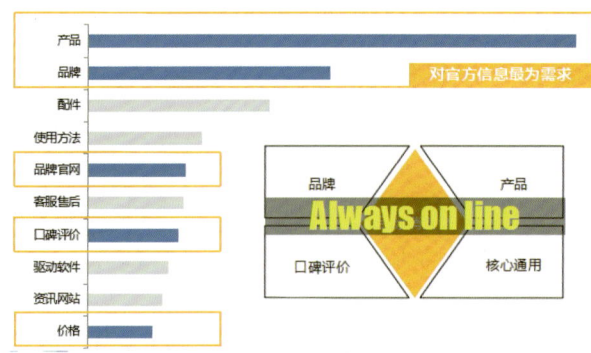

图6-23 产品关注点

（3）目标市场分析——市场地位与竞争。

平板电脑市场地位分析，如图6-24所示。

图6-24　平板电脑市场地位分析

作为一家世界500强企业，相对主要竞争者"A品牌"差距较大，而目前同属第二梯队竞争对手"D品牌"在品牌影响力方面与该品牌的差距非常小。

产品定位及卖点分析，4月有新产品上市计划，如图6-25和图6-26所示。

图6-25　产品卖点

图6-26　新品上市

对于不同产品的产品分析，如图6-27所示。

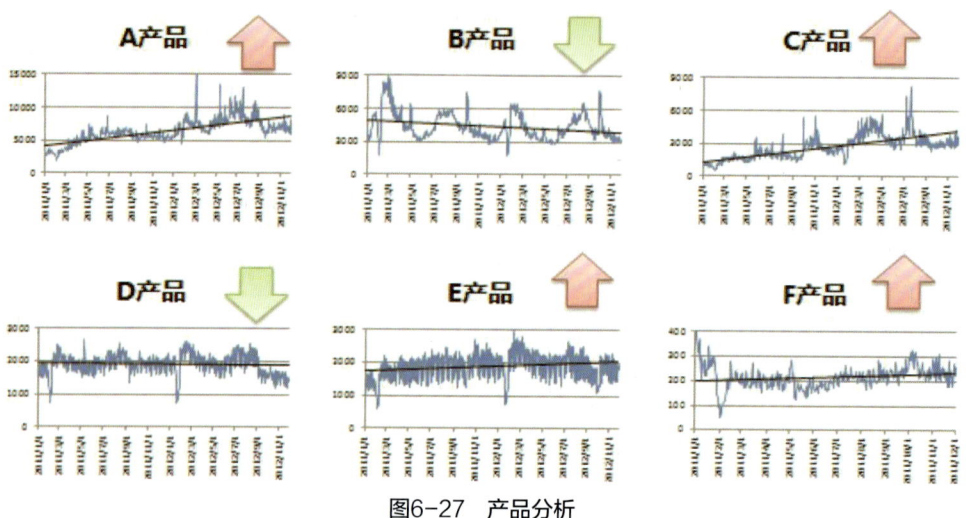

图6-27　产品分析

竞争品牌定位及客户特征，如图6-28所示。

本土强势品牌

A品牌

成熟稳重的中年
"革命战斗片"
比亚迪、奇瑞　　赵本山、刘德华

"屌丝"范儿

B品牌

享受生活的中青年
《屌丝男士》
中国好声音、非诚勿扰　中华、相宜本草

时尚小清新

E品牌

无拘无束的小清新
《甄嬛传》、《大太监》
倩碧、欧舒丹　现代、本田

中规中矩台系范儿

D品牌

关注热点追求品质的中青年
周立波、王珞丹　福特、DHC

图6-28　平板电脑客户特征

该案例中的网络营销目标：

提升企业品牌影响力，扩大相对于第二梯队的优势；

借助于新产品拓展市场份额；

针对核心受众人群，提升品牌黏度。

案例——营销目标分析，如图6-29所示。

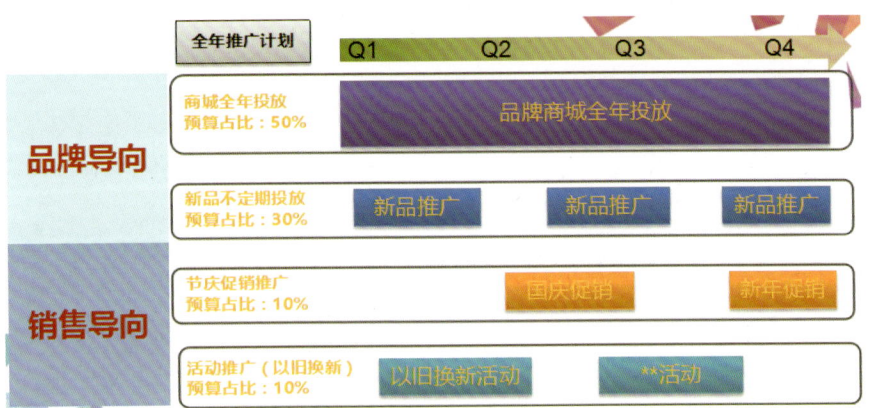

图6-29　营销目标分析

概括一下：

（1）确立营销目的（品牌或效果）；

（2）分析营销机会（目标受众和市场环境）；

（3）制定营销策略（长短期、地域等）；

（4）建立营销关键指标（KPI=CTR或CVR或……）。

6.2　选词分析

对于关键词选择的分析，是为了通过网民的搜索行为寻找网民的搜索动机。并通过关键词锁定受众。选词分析简单四步，如图6-30所示。

图6-30　选词分析四步

6.2.1　寻找核心词

寻找核心词的四种方法。

（1）以终为始——投放需求寻词法。

投放目标考虑因素如下。

营销目的的确认；

品牌推广：树立品牌形象，加大品牌曝光；

市场公关：公益活动或负面新闻的引导；

主营业务宣传/销售（产品/服务）：对产品/服务的优势进行宣传，或促进线上线下销售；

活动/促销营销：对临时的活动或促销的宣传，或带动销售。

确定目标受众是谁，分析目标受众的年龄、地域、搜索行为、购物行为等。

市场中的同类产品或竞争对手都有哪些，它们的宣传渠道、主要卖点有哪些，它们采用了何种投放形式。

一家在欧洲北美具有较高知名度的家电企业主，第四季度初期进入亚洲市场，准备借圣诞节时期推出优惠活动，提升品牌知晓度。现在需要SEMer百小度去了解客户的需求，为企业的第四季度营销活动准备关键词方案。

假设你是SEMer百小度，请准备一下你见到客户后需要问他的问题。

品牌定位是什么？

此次活动的slogan（广告语）是什么？

活动中主打的xx产品卖点是什么？

此次宣传节奏（投放的起止时间）是什么？

对投放地域，投放时间是否有限制？

该产品是否存在淡旺季的情况？

此次活动主要的目标消费群有哪些？

将哪些品牌作为主要的竞争对手？

是否会对不同家电产品分配不同的预算。如果是，比例大致多少？

此次活动会关注的投放效果及KPI有哪些？

预计的投放预算有多少？

百小度从企业主的推广需求中轻松地找到了相对应的核心词：

圣诞促销、圣诞优惠、xx官网、轻松生活、智能家电、冰箱、嵌入式冰箱、热水器、恒温热水器、装修、新婚家居、网购、网络购物如图6-31所示。

类别	内容	备注
营销目标	1. 圣诞促销活动	注册会员，即可获得主打产品8折优惠代码。
	2. 提升品牌知晓度	让更多的人认识xx品牌，并理解其"轻松生活"的品牌理念。
	3. 宣传主打产品	冰箱（嵌入式冰箱等）、热水器（恒温热水器等）。拥有领先的科技技术。
受众定位	1. 年轻家庭，中高等收入水平	刚刚组建家庭的年轻白领，对装修等信息感兴趣。
	2. 喜欢简约快捷的生活方式	对网购较依赖。
市场环境	1. xx品牌在欧洲北美有很强知名度，但中国地区尚没有太多人了解。	
	2. 此次活动主要竞争对手是国内的大家电品牌。	
考核指标	点击量、注册量。	日点击量>5000。 注册量>500。
其他信息	开放式预算，全国地区投放，活动时间：12月中后旬-1月中旬，热水器在冬季是旺季	

图6-31 寻找核心词

（2）内容为王——企业主网站寻词法。

企业主网站寻词法，在需要推广的页面中迅速寻找核心词。如图6-32所示。

图6-32 企业网站

百小度在使用需求寻词法后，登录企业主网站，开始使用第二大秘籍：内容为王。如图6-33所示。

搜索营销

图6-33 企业网站获取核心词

（3）触类旁通——相关搜索寻词法。

百度检索结果页最下方的相关搜索，可以为我们在寻找核心词时提供新的灵感。

为了避免遗漏，百小度启用寻词的第三大秘籍：触类旁通。

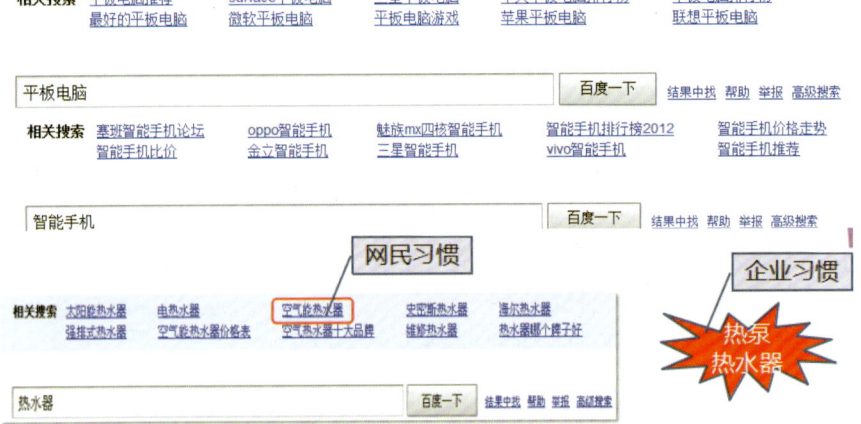

图6-34 相关搜索寻词

很多企业主在表述自己产品的时候往往会出于习惯，本能地用很专业的词汇来形容，在搜索营销中，需要转化为网民/消费者的表达习惯，这样的营销沟通才更有效。如图6-34所示。

（4）善假于物——相关工具寻词法。

借助百度多种营销工具，寻找核心词，可以达到事半功倍的效果。

相关工具寻词法——百度指数。

百度指数（index.baidu.com），以百度网页搜索和百度新闻搜索为基础的免费海量数据分析服务，用以反映不同关键词在过去一段时间里的"用户关注度"和"媒体关注度"。如图6-35所示。

为了避免核心词的遗漏，百小度用起了第四大秘籍："善假于物"，在百度指数上输入了"热水器"。如图6-36所示。

第6章　搜索引擎营销方案设计

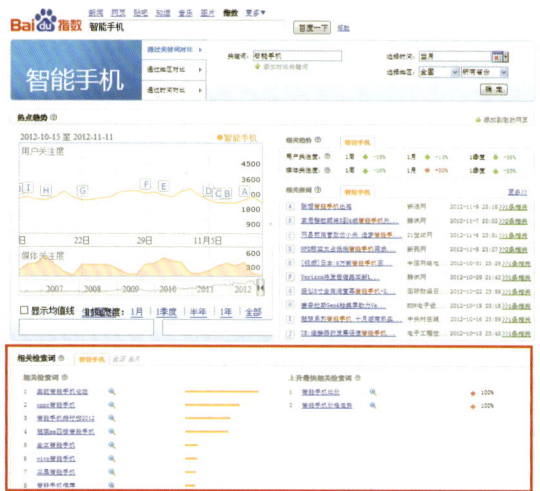

图6-35　百度指数

图6-36　搜索热水器

相关工具寻词法——司南。

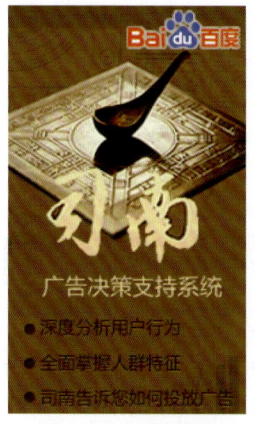

图6-37　百度司南

搜索营销

司南（sinan.baidu.com），如图6-37所示，基于百度积累的海量网民行为数据和强大的行为分析技术，将看不见的用户需求进行量化，以数字形式准确展现用户行为，为我们提供精准的营销决策依据，帮助我们在网络上轻松寻找到更多、更合适的潜在用户。如图6-38和图6-39所示。

兴趣点：司南一共定义了约200个兴趣点，包括家电、汽车、数码、购物等。它可以显示样本人群对哪类信息更加感兴趣。

网页检索词：显示样本人群搜索过的关键词，并能看出其对哪些关键词更加关注。

百小度登录到司南系统，输入"热水器"作为种子词，生成兴趣点报告和网页检索词。

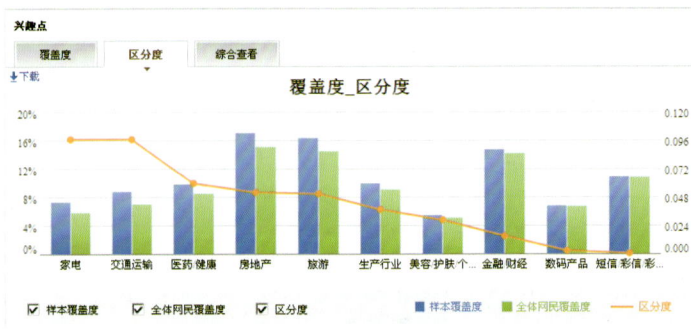

图6-38 覆盖度

图6-39 日均搜索量

小结，如图6-40所示。

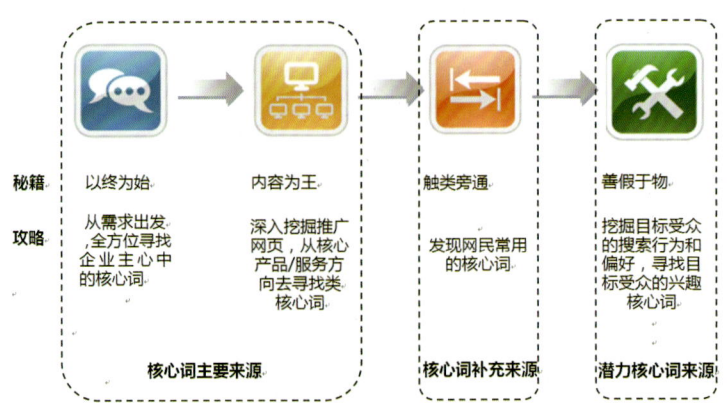

图6-40 寻找核心词小结

6.2.2 拓展关键词

借镜观形——关键词规划师，如图6-41所示。

图6-41 关键词规划师界面

案例

百小度要进行洗衣机的推广，迅速锁定了核心关键词"洗衣机"，接下来是使用关键词规划师来拓展关键词。如图6-42所示。

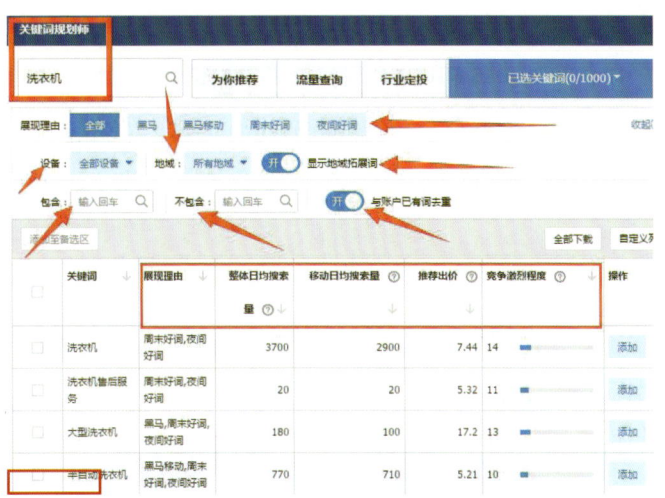

图6-42 百度指数

（1）融会贯通——词组组合式。

① 可根据核心词的别称、简称、俗语 、别字、缩写等扩展关键词。

别称：自行车=单车=脚踏车；

简称：卧式螺旋卸料离心机=卧螺离心机；

别字：瑜伽=瑜珈；

英文缩写：企业资源管理系统=ERP；

地方俗称：搬家=搬场。

② 可根据产品不同的功能、属性、特征进行扩展。

按性别：男鞋；

按材质：羊皮皮鞋；

按价格：便宜皮鞋；

按颜色：黑色皮鞋；

按用途：运动鞋。

③ 可按照一定规律，在核心词前、后添加词汇，迅速扩充出许多关键词。

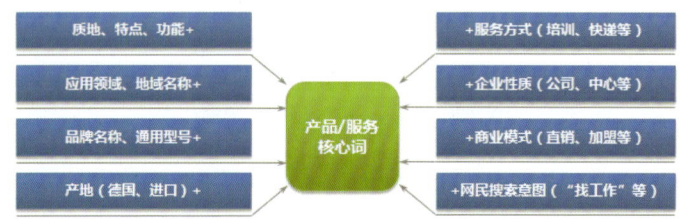

图6-43　八爪鱼拓词法

词组组合式拓词法的优势是：迅速扩充出非常多的关键词；但弊端是：可能许多关键词都是无检索量的词。因此，这种方法需与"关键词工具"拓词法结合使用。如图6-43所示为八爪鱼拓词法。

案例 百小度拓展关键词

百小度找到了"滚筒洗衣机""全自动洗衣机"等词后，仍觉投放词量过少；于是百小度开始使用词组组合法。如图6-44所示。

品牌	类型	核心词	容量
小鸭	迷你	洗衣机	2.0L
美的	双缸		4.0L
三星	滚筒		5.0L
海尔	搅拌		

图6-44　词组组合案例

让我们做一个拓词练习：

核心词：手机；

要　　求：使用八爪鱼拓词法；

规　　则：每位同学依次说一个词，互相之间不能重复。

（2）草船借箭——搜索词报告。

当推广账户中包含非精确匹配的关键词，并推广了一段时间后，可以使用搜索词报告，寻找新的拓词机会。

搜索词报告表明哪些关键词触发网民点击但账户中尚未添加。这类词企业主虽然没有购买，却有网民进行搜索并点击了推广结果，因此应该被看作是有价值的。

百小度要就电脑类产品进行关键词拓展，于是开始使用搜索词报告。如图6-45所示。

图6-45　搜索词报告

（3）抽丝剥茧——百度统计报告，如图6-46所示。

图6-46　百度统计

百度统计报告中给出了在百度、谷歌及其他搜索引擎来源中的搜索词浏览量、访问次数、访客数等数据。

百度统计中的搜索词功能帮企业发现网民自然检索的行为习惯，可以作为一种关键词拓展的辅助工具使用。

（4）运筹帷幄——百度风云榜。

百度搜索风云榜中，可以看到实时热点、热门搜索等排列，还能分行业、分类别地看出网民最近的关注重点，是企业进行公关营销、事件营销、新闻营销的好方法。如图6-47所示。

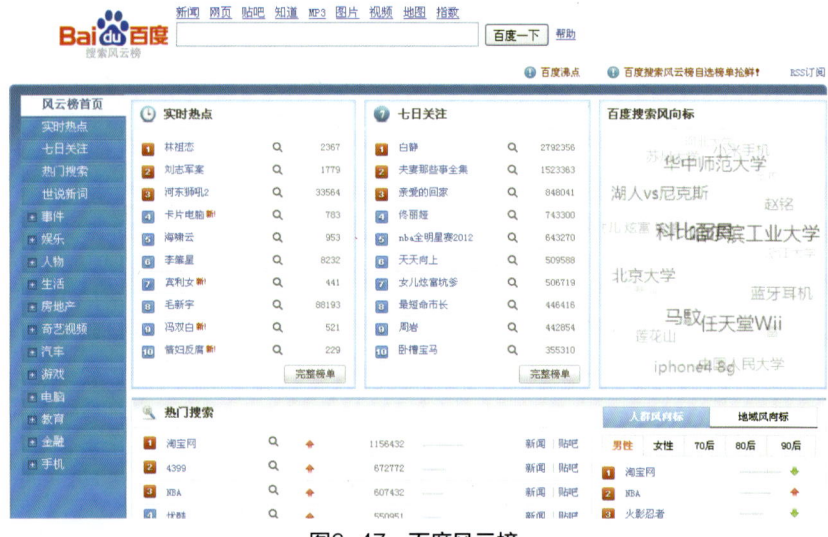

图6-47　百度风云榜

因为企业的营销活动与圣诞非常相关，临近圣诞，百小度进入“百度搜索风云榜”寻找近期与家电相关的热点事件，从中挖掘一些相关性高的关键词。如图6-48所示是家电热点展示。

今日热门搜索排行榜　　将此榜单添加到我的网站

排名	关键词	趋势	今日搜索	最近七日	相关链接
1	淘宝网	↓	1172536	8301632	新闻 | 贴吧
2	NBA	↑	914700	6030918	新闻 | 贴吧
3	心术	↑	726634	4188329	新闻 | 贴吧
4	武动乾坤	↑	503796	3108342	新闻 | 贴吧
5	163	↓	428569	2652650	新闻 | 贴吧
6	优酷	↓	412617	3245320	新闻 | 贴吧
7	新浪微博	↓	411281	2931472	新闻 | 贴吧
8	京东商城	↓	365040	2495710	新闻 | 贴吧
9	甄嬛传	↓	352020	2879848	新闻 | 贴吧
10	QQ	↑	312995	2237442	新闻 | 贴吧
11	快播	↓	310883	2473375	新闻 | 贴吧
12	暗黑破坏神3	↑	307749	681216	新闻 | 贴吧
13	吞噬星空	↑	304124	2115530	新闻 | 贴吧

图6-48　家电热点

由于企业主针对的主力人群是新婚或准备结婚的80后，于是百小度又来到"百度搜索风云榜"的"人群风向标"拓展关键词。如图6-49所示。

图6-49　人群风向标

小结：

网民检索习惯变幻无常。无论是在方案制作时，还是方案上线开始推广后，对关键词进行及时的拓展，寻找更多的检索词，都是一项很必要的工作。

6.2.3　筛选关键词

（1）词以类聚——常用关键词类型，如图6-50所示。

让人眼花缭乱的大量关键词有规律可循。

关键词类型	特　点
品牌词	公司品牌或特有产品/，如公司名称及拼音，网站域名，公司热线电话，公司名加产品名等。用来向自有用户或有品牌倾向的潜在用户推送信息，同时防止竞争对手通过购买自己的品牌词来抢夺目标客户。
产品词	不包含品牌名的，带修饰限定的产品相关词，包括产品名称、型号等，如"音乐手机""商务轿车"等。搜索这些词的网民已有了比较明确的产品需求，是值得争取的潜在用户。（对于电商企业主，其网站上销售的所有品牌企业的产品，如"三星手机"，也会被归为产品词类。）
通用词	不包含品牌，被网民大量使用的搜索词，如"手机""鲜花"等。这些关键词表明网民有一些模糊的欲望和兴趣，他们中间有一些人是可以争取的潜在目标受众。
人群词	与产品直接相关性小，但却是目标受众所表现出的主流兴趣点。如搜索"巧克力"的网民非常有可能是"鲜花"的潜在目标受众。搜"去除痘痘"的网民，也非常有可能是某款护肤品的潜在目标受众。
活动词	节假日或网站促销活动的类别、名称。这类词通常用来做节日、周年庆等营销活动的曝光。
行业词	同行业的一些其他企业名称和产品名称。

图6-50　关键词类型

（2）关键词筛选——根据推广需求提炼。

不同词类可实现的营销目标和受众的覆盖范围如图6-51所示，可根据推广需求进行选词。

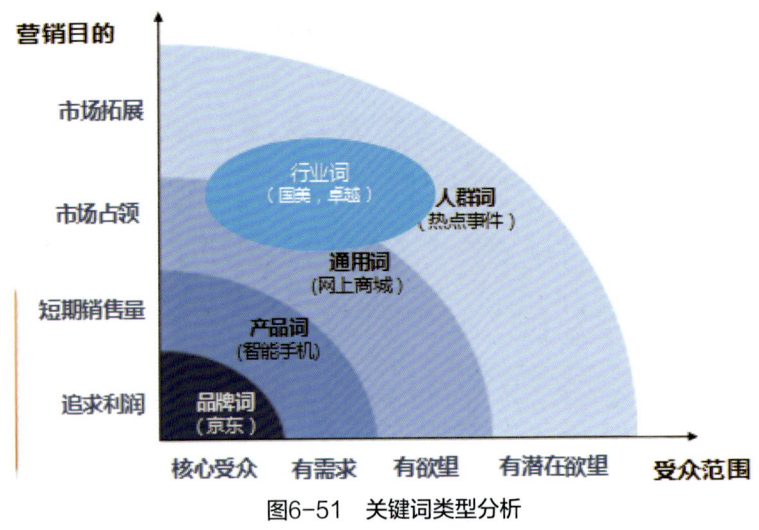

图6-51 关键词类型分析

备注：活动词视活动范围所覆盖的受众范围跨越度较广，介于有需求和有潜在欲望之间，可以促进短期销售量，也可以进行市场拓展，故没有在图中列出。

各类关键词在受众检索环节中的作用，如图6-52所示。

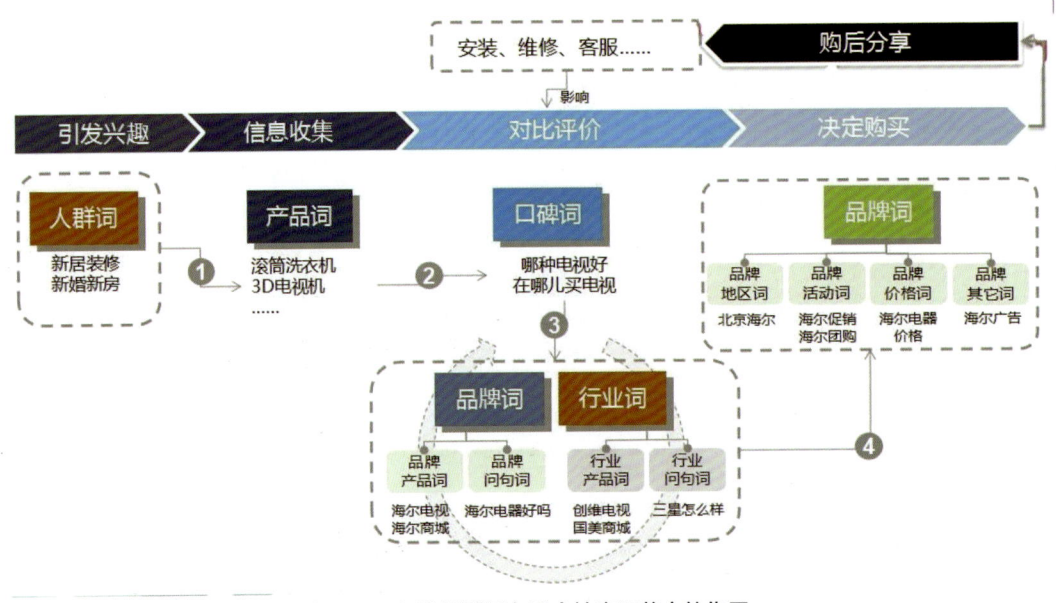

图6-52 各类关键词在受众检索环节中的作用

案例

某家电行业企业主有以下三种推广需求,如图6-53所示,请对应不同的推广目标,思考合理的选词方案。

推广需求一:品牌官网,目标是市场拓展,覆盖更多潜在目标受众。

推广需求二:网上商城,目标是追求利润及销售量。

推广需求三:活动促销,目标是提升销售量和市场拓展。

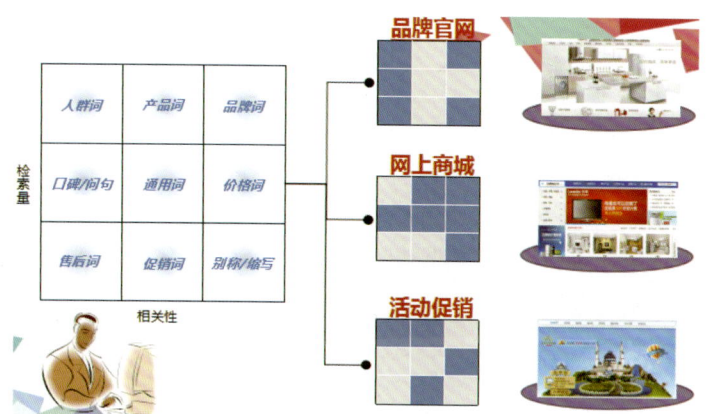

图6-53 某家店企业关键词类型

不同行业,关键词类型在相关性和检索量的差异性较大。

(3)关键词筛选——根据KPI(关键考核指标)提炼。

筛选关键词,在考虑推广需求的基础上,还需结合企业主制定的KPI。

在相同的匹配模式和排名的情况下,不同词类各指标表现有所差异,如图6-54所示。

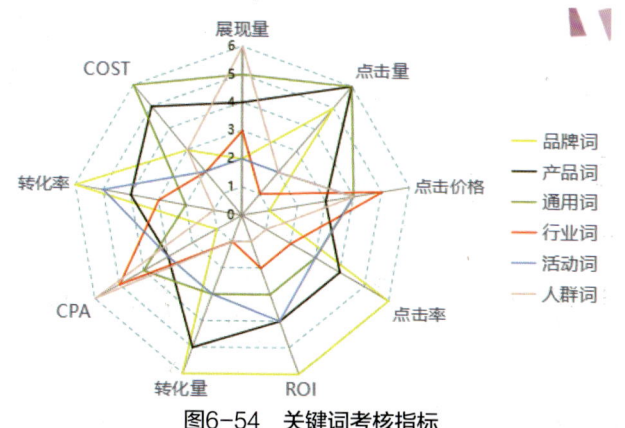

图6-54 关键词考核指标

不同行业,各类型关键词的KPI表现差异性较大,还需结合实际投放经验进行总结。

（4）关键词筛选——根据预算提炼。

在考虑推广需求和投放KPI的基础上，提炼关键词还需与企业主的推广预算相结合。

不同类型关键词的词量、检索量、点击率、点击价格均有不同，造成消费能力不同，要通过合理搭配实现投放性价比最高。

根据预算提炼关键词的方法：

在推广预算未定的情况下，建议根据推广需求先制定完整关键词方案，然后通过预估关键词消费能力得到推广的整体预算需求和各类词的预算配比。

如果推广是在既定预算的前提下进行，则需要参考各类关键词的词量、检索量、点击率、点击价格等体现消费能力的数据，合理搭配各类关键词的预算占比。

根据预算提炼关键词的注意事项：

预算越多，可选择的关键词类型就越多，对应覆盖的受众范围和实现的营销目标均更广泛。

在预算不足的情况下，通常品牌词、产品词、通用词为必选。

若预算宽松，再增加活动词、行业词和人群词。原则是优先覆盖需求更明确的受众。

6.2.4 分类关键词

1. 核心词分组法

关键词的拓展，是按照核心词发散思维的，核心词分组法就是将包含相同核心词的关键词找出来，按照相似句式或词性类别进行分组。案例如图6-55所示。

图6-55 核心词分组

2. 关键词类别分组法

关键词类别分组法是按照品牌词、产品词、通用词、人群词等常用类别进行分组，这种分组方式也是我们最常用的方式。

当一个关键词同时包含多个分类时,可以根据词性把每个一级分类再划分为更细致的二级分类进行分组。如图6-56所示。

例如:"三星手机促销活动"包含:品牌词、产品词、活动词。

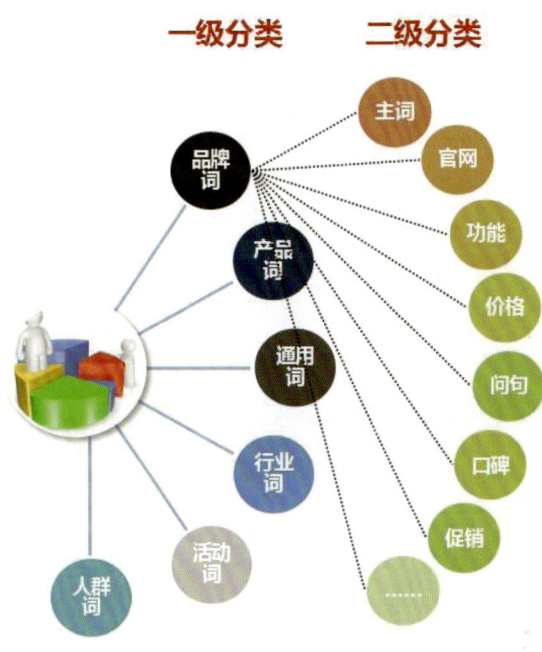

图6-56　词的一级、二级分类

3. 语法结构分组法

极微型账户分组方式:这是一种利用关键词语法结构的分组方式,仅适用于一些不足百词的微型账户中。

(1)业务名词类:

少儿英语－儿童英语－幼儿英语,雅思听力班－雅思词汇班－雅思语法班;

(2)动词短语类:

练口语－学口语－提高口语,雅思报名－雅思考试报名;

(3)疑问句:怎样才能学好英语－如何提高英语水平;

(4)陈述句:宝宝说英语－孩子学英语。

案例——百小度规整关键词

百小度先将近1万词的词表中相关性低的关键词一一删除,然后开始结合企业主推广需求提炼和分组关键词。

企业主此次投放主要是市场拓展，让更多的80后年轻白领认识其品牌，并参与圣诞活动促销。

KPI参考设置，如图6-57所示。

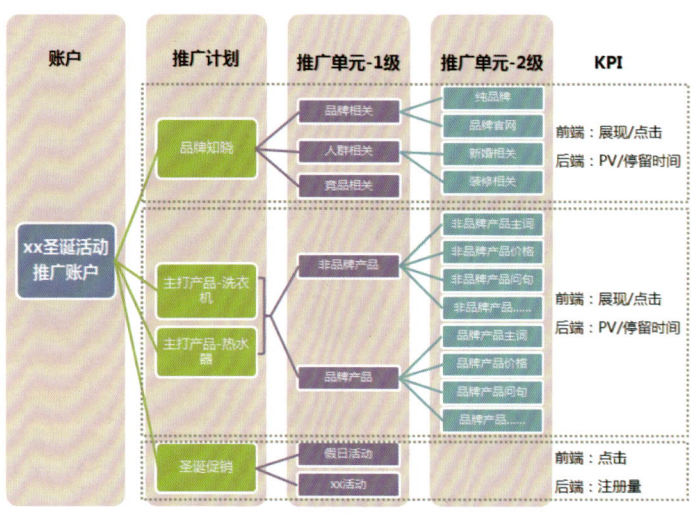

图6-57　企业KPI参考设置

营销目标市场拓展，并参与圣诞活动促销。主要KPI是：广告展现量、点击量和转化量。

品牌词、产品词、通用词、活动词是必选的关键词类型。

推广预算开放。

为提高受众覆盖范围，将人群词也进行保留。

关键词分组原则

关键词与创意切合的关键：

精细化分组——结构相同，语义相近。

好处1： 针对推广单元内所有关键词撰写针对性创意；

好处2： 便于数据统计，为账户管理优化打下良好基础。

6.3　创意表现

一条优质的创意表现，是为了通过企业主提供的信息满足搜索者对信息的需要，并达到推广目的。

6.3.1 创意表现——飘红

当创意中有与搜索词一致或意义相近的部分时，创意会飘红。如图6-58所示。

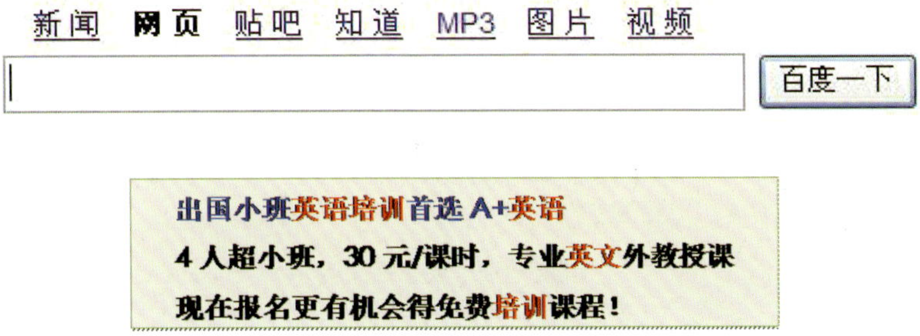

图6-58　创意飘红

如何让创意中多出现与搜索词一致或者部分一致的内容呢？

通过在创意的标题和描述中插入通配符。插入通配符有以下作用：

（1）增加飘红概率；

（2）提高关键词与创意关联度，如图6-59所示。

图6-59　插入通配符作用

6.3.2 创意表现——相关

关键词和创意的相关性：围绕关键词撰写创意。

关键词创意和访问URL的相关性如图6-60所示，创意相关度高低对比。

如果方案投资回报比很低，可以尝试改变访问URL。也就是优化关键词着陆页面。

如果从监测软件中发现转化率很低，也可尝试改变访问URL。

图6-60 创意相关度

6.3.3 创意表现——通顺

创意插入通配符要符合逻辑，使语句通顺，如图6-61所示，就造成语句不通顺。

图6-61 创意通顺性

6.3.4 创意表现——吸引力

突出产品/服务特点、公司优势，突出检索词和实际业务之间的关系，包含的信息越具体越好，尽量避免一些无实质意义的形容语句，采用精炼的短句。避免让过长的公司全称或网站全称的短句占用字符位置，除非公司或品牌已有很强的吸引力。

广告中多出现折扣及优惠信息。

使用得当的号召性语言，如立即购买，马上等。

有数字的部分尽量用数字体现。

有品牌案例、权威证明的可用上。

研究竞争对手的广告，别把自己缺点与别人优点比较。

根据关键字所在的广告组撰写相对应的广告语。关键字包含在标题中（通配符的功能就在于此）。

每个广告组制作多套（至少2套）不同形式的广告语。

尝试着让右侧的广告成为"剑型"，如图6-62所示。

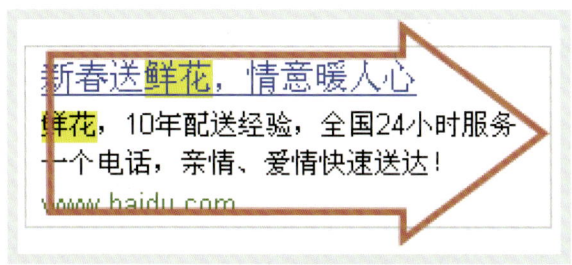

图6-62 创意吸引力

创意设置技巧——显示URL

显示URL的设置技巧：

在编辑显示URL时，一定要保证与访问URL的主域一致。

可以将显示URL编辑为主页（首页）形式。同样，一些被网民熟知的、简单易记的、有一定影响力的品牌客户也可以品牌名称为主。比如：百度的显示URL可写成www.baidu.com。

添加引导性后缀：体现较高的页面相关度、公司专业度。比如：关键词是具体的产品可写成www.abc.com/product；维修可写成www.abc.com/ service 或 service.abc.com；关键词是联系方式类的词，则可以将显示URL设置成后缀有/contact的形式。

显示URL测试方法：

不同的显示URL获得的点击率可能不同，因此可以尝试不同的设置，观测1~2周后，留下表现好的显示URL。

创意展现方式，如图6-63所示。

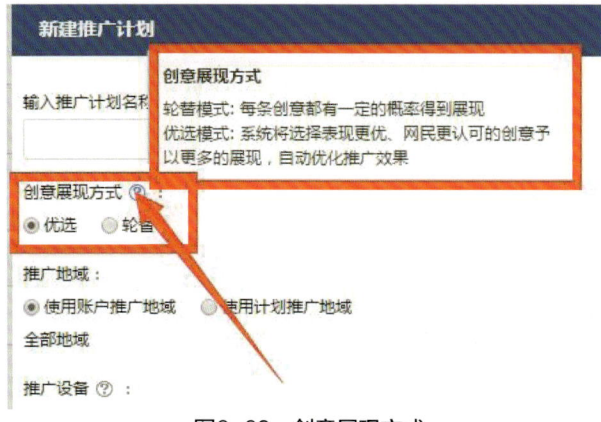

图6-63 创意展现方式

搜索营销

案例与练习

练习内容：创意撰写练习；

练习目的：学会编写不同角度的创意标描；

练习形式：线下练习。

案例：鲜花礼品网是北京一家出售鲜花、礼品的企业，是国内信誉最好、最具影响力的鲜花礼品商城之一，宗旨是提供最好、价格最优的产品以及最优质的服务，保证提供100%新鲜花材。而且还拥有强大完善的配送体系，足不出户就可以享受优质服务。

目前正值情人节期间，鲜花礼品网想借此机会参加百度推广，并且希望能先通过北京及周边城市（如天津、河北）打开推广市场。目前只在黄金时间推广，即工作日8~20点有人接待，投放金额方面希望每天500元。

同时，公司特为情人节开展优惠活动，有各类鲜花、卡通玩偶花束、巧克力、情人节特制蛋糕等。凡选购超100元者均可享受免费邮递，保证情人节当天送到爱人手中。

请根据案例情况回答下列问题：

（1）请围绕"产品特点"撰写一条相关创意。

（2）请围绕"优惠活动"撰写一条相关创意。

（3）请围绕"公司优势"撰写一条相关创意。

案例与练习，如图6-64所示。

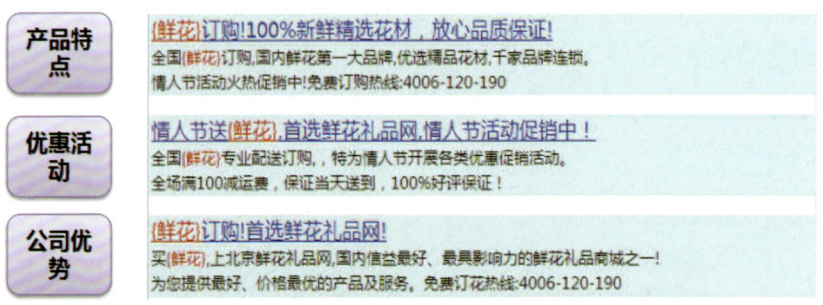

图6-64　案例

6.3.5　重点行业创意撰写要点

搜索推广重点行业有三大类：分别为培训行业、医疗行业、旅游行业，不同的行业有不同的特点。培训行业如图6-65和图6-66所示。

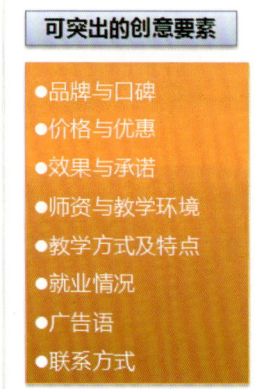

图6-65　培训行业突出创意要素

图6-66　培训行业创意案例

医疗行业，如图6-67和图6-68所示。

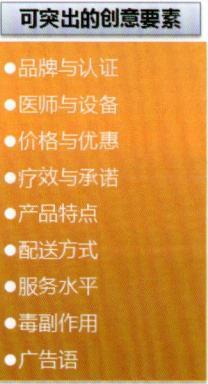

图6-67　医疗行业突出的创意要素

搜索营销

图6-68 医疗行业突出创意案例

旅游行业，如图6-69和图6-70所示。

可突出的创意要素

● 品牌与资质
● 价格与优惠
● 预定信息
● 产品特点
● 服务特色
● 配送信息
● 广告语
● 联系方式

图6-69 旅游行业突出创意要素

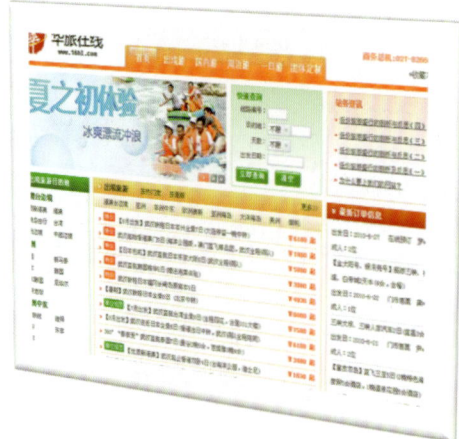

图6-70 旅游行业创意案例

6.4 账户设置

优质的账户设置，建立在清晰的设置账户结构、灵活地运用各种账户功能、合理地设置出价/匹配的基础上。

6.4.1 账户结构——推广计划

推广计划设置要点，如图6-71所示。

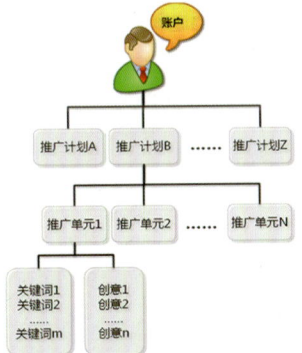

图6-71 账户推广计划搭建

合理设置地域、每日消费限额、推广时段、IP排除，如图6-72所示。

投放地域

- 根据产品服务所能到达的地域设置，最小级别到达：省及直辖市

每日消费限额

- 最小50元，可对账户和推广计划设置。可根据总预算或消费能力及后期转化为不同推广计划设置不同消费限额。可以随时修改每日预算，但一天之中不能超过10次。

推广时段

- 若预算不足时，可为不同推广计划设置上线时段。

IP排除

- 可将非目标受众IP设置为IP排除。

图6-72 账户推广计划搭建相关设置

地域设置原因：

市场地域限制，不同地域有不同预算；

运营地域限制，不同销售渠道；

受众细分，不同地域传递不同信息。

每日消费限额设置原因：

预算有限，精准控制消费进度；

设置推广计划消费限额，控制各计划消费比例。

设置推广时段的原因：

受众搜索习惯在时间上的体现；

预算有限，针对高转化时段投放；

公司运营的工作时间限制。

合理的设置出价：

一般在账户上线初期，可以设置较高的出价。观察上线后的广告位，尽量靠前排位——让好的排位保持几天。随后，逐步尝试降低出价，并在降低后密切关注位置的变化。若位置不受影响，则过两天可以再尝试降价。

一般情况下，人群词CPC>竞品词>通用词(非品牌产品词)>品牌词。

对我们推广目标重要的词，可设置高出价，不重要的（仅是为扩大影响力而选择的词，比如人群词和竞品词）不必为了抢占优质位置而出高价。

合理的设置匹配：

关键词=广泛匹配；

"关键词" = 短语匹配；

[关键词]=精确匹配；

"[关键词]" = 仅匹配完全包含关键词字面的短语匹配。

*精确匹配扩展(地域词扩展)，当客户购买的关键词是精确匹配，且仅包含一个国内地名时，IP地址位于该地域的网民搜索除去地域词以外的部分，也可能展现客户的推广结果。

如客户购买关键词：北京英语培训,使用精确匹配形式。如果IP为北京的网民搜索英语培训的时候，也是可能展现客户的推广结果的。

各匹配形式的优劣势

（1）广泛匹配。

优势：是一种既进行高针对性的投放、又接触广泛受众群体的有效方法，能够为客户带去更多的潜在用户访问。

劣势：点击访问的针对性不足，一般情况转化率/点击率不如精确匹配和短语匹配。有可能会带来大量点击，触发较多的点击消费。

（2）精确匹配。

优势：可获得最具针对性的点击访问，一般情况下，转化率/点击率较高。

劣势：会降低创意的展示次数，获得潜在客户的范围较窄。

（3）短语匹配。

优势：与精确匹配相比更为灵活且能获得更多的潜在客户访问，与广泛匹配相比则有更强的针对性且一般情况下有更高的转化率。

劣势：获得的展示次数介于广泛匹配与精确匹配之间，一般情况下转化率/点击率没有精确匹配高。

（4）否定匹配。

优势：否定匹配与智能匹配组合使用，使客户在通过广泛匹配和短语匹配获得更多潜在用户访问的同时，过滤除去不能为客户带去潜在客户访问的不必要展现，降低转化成本，提高投资回报率。

劣势：设置否定关键词后，将降低关键词的展现次数，即获得潜在客户关注的概率降低。

匹配形式使用技巧

（1）广泛匹配。

若是以带流量为目的的客户，可参加广泛匹配，以便获得更多展现。若以销售产品为目标的客户，建议新上线的关键词（无特别通用性关键词的情况下），初期（1~2周）全部为广泛匹配，观察其消费、点击、展现、点击率、转化率、转化成本等情况后，酌情进行各种匹配的区分。

（2）短语匹配、精确匹配。

以下三种情况可使用该匹配形式：第一种情况，通用性关键词可添加短语匹配，以便获得针对性的潜在客户关注；第二种情况，消费过快的关键词，可以设置该匹配形式；第三种情况，强调转化率的客户，可以为其关键词设置该匹配方式。

值得注意的是：设置后，关键词的点击将会有明显下降。若企业重视品牌宣传，则不建议进行短语匹配，因会影响展现和点击次数，减少企业品牌的曝光概率；若企业在宣传中重视控制价格，则建议将个别高消费关键词进行短语匹配。

（3）否定匹配。

客户可以通过设置否定词，与广泛匹配和短语匹配搭配组合使用，在获得更多潜在访问的同时，过滤掉不能为客户带去效果的不必要的展现，从而降低转化成本，提高投资回报率。

否定词的选择：可以选择其反面或非经营业务类的词；还可以在"搜索词报告"中发现相关性低的词，设置为否定词。

匹配应用的其他注意事项：

建议对于数字、英文和长尾词（如疑问句式，……怎么办），应谨慎使用广泛匹配（避免匹配到部分相关度较低的词），可以使用短语匹配。

第7章
搜索引擎营销实战
——进阶训练

SEVENTH
07

※ 搜索推广方案上线流程

7.1 搜索推广方案上线流程

推广管理流程，如图7-1所示。

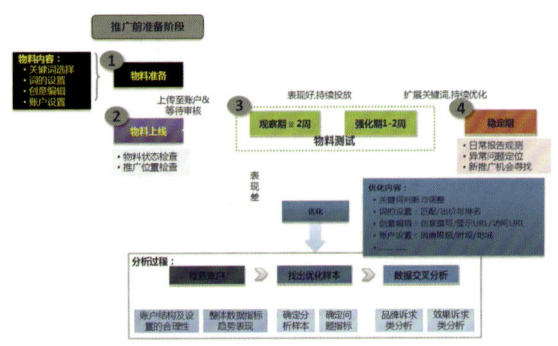

图7-1 推广管理流程

7.1.1 账户管理——推广准备

推广前准备阶段

（1）了解销售体系及地域政策；

（2）具备开户资格（营业执照/相关从业资质/网站ICP备案）；

（3）注册申请（通过销售或自行在http：//e.baidu.com/Apply/中注册）；

（4）信息审核（营业执照、公司主体、从业资质、ICP（电信与信息服务业务经营许可证）备案、公司所在地、联系人信息、网站URL、网站内容等）。

7.1.2 账户管理——物料准备

方案制作及上传

微型账户，可直接在百度推广后台中操作。大型账户建议在excel中编辑后，通过推广助手上传。

审核：系统审核、人工审核。

审核时长提示：

为避免偶尔发生的系统拥堵，建议提前2天上传物料，上传同时，将物料设置"暂停"或"时段暂停"。只要账户生效，暂停的物料同样会进入审核环节。如图7-2所示。

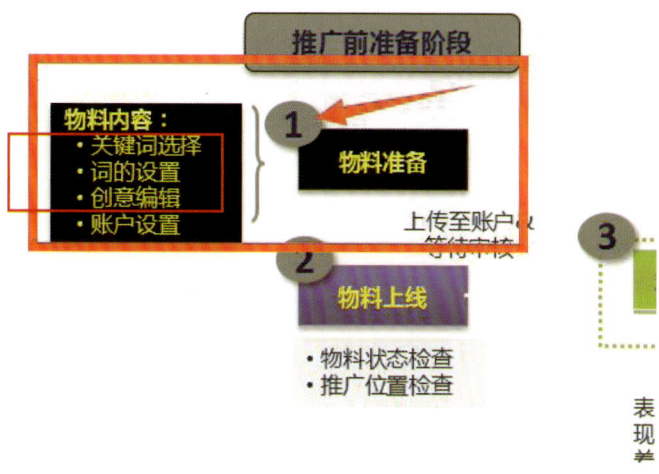

图7-2 物料准备

7.1.3 账户管理——上线物料

Step 1. 上线物料(图7-3)

阶段定义:广告上线当天或第二天。

阶段管理目标:确保方案按预设目标正常上线。

管理内容如下。

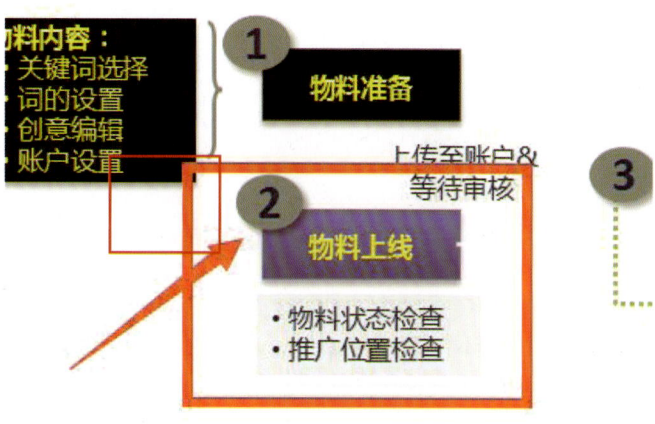

图7-3 上线物料

(1)物料状态检查。

检查及复核内容:

① 广告相关设置:预算、地域、时段……

② 关键词状态检查。

无法正常上线的几种情况:搜索无效,待激活,审核中,不宜推广。

③ 创意状态检查：

无法正常上线的几种情况：不宜推广，待激活，审核中。

（2）推广位置检查。

① 筛选核心词，查看展现位置（品牌词，核心产品词）；

② 查看报告，大消费关键词复核。

查看关键词报告，看消费TOP的关键词是否符合核心推广目标，如图7-4所示。

关键词	状态	展现	点击	消费	转化	点击率	平均点击价格
奔驰	有效	466660	4100	¥13747.20	0	0.88%	¥3.35
奔驰benz	有效	41632	1185	¥4197.67	0	2.85%	¥3.54
smart圣诞节许愿	有效	17049	898	¥2408.02	0	5.27%	¥2.68
奔驰cls 350	有效	27941	659	¥2405.12	0	2.36%	¥3.65
奔驰商务车	有效	18640	439	¥1615.68	0	2.36%	¥3.68
benzs	有效	5230	241	¥893.58	0	4.61%	¥3.71
奔驰	有效	12001	337	¥882.27	0	2.81%	¥2.62
奔驰 e系双门轿跑车	有效	5639	200	¥575.17	0	3.55%	¥2.88
benz s	有效	4367	128	¥469.98	0	2.93%	¥3.67
e260 奔驰敞篷	有效	3269	127	¥366.26	0	3.88%	¥2.88

图7-4　关键词报告

有效点击

（1）什么是有效点击？

我们这里所讲的有效点击，是指该次点击进入页面后至页面100%展示，算作一次有效点击。

（2）判断有效点击方法：

① 检查网站连通性及打开速度；

② 查看数据：点击量与广告访问来源访问量的差异。

（3）可能产生无效点击的原因分析：

① 网站速度；

② URL出错；

③ 恶意点击（百度有反作弊系统，会屏蔽由于各种原因引起的无效点击，只对有效点击收取费用，详情可见无效点击报告）。

7.1.4 账户管理——测试期管理

Step 2. 测试期管理（图7-5）

阶段定义：广告上线1周后。

阶段管理目标：通过密切观察账户表示及数据，反复进行测试和调整，让账户表现通过调整后达到预期的效果水平。

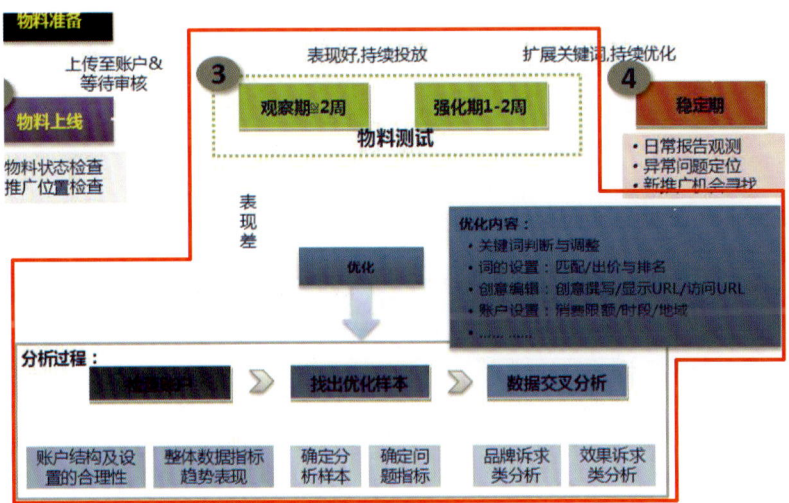

图7-5 测试期管理

管理内容如下：

（1）物料观测；

（2）物料调整。

其核心是对数据的分析以及对物料的调整，这个过程被称为"优化"。

7.1.5 账户管理——稳定期管理

Step 3. 稳定期管理（图7-6）

阶段定义：广告上线2周或1个月以后，各项数据表现基本稳定，基本达到了预设的投放目标。

阶段管理内容如下：

（1）投放趋势的观察；

（2）异常问题的定位与分析；

（3）匹配模式扩展与关键词拓展。

搜索营销

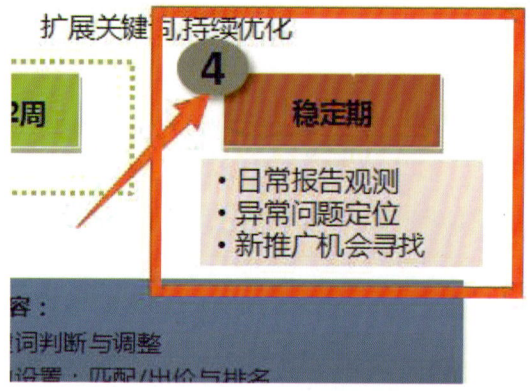

图7-6 稳定期管理

投放趋势的观察

观察投放趋势,了解各投放数据的投放情况,在数据波动时及时调整。

某汽车客户投放数据:总体较稳定,需对波峰波谷进行分析,如图7-7所示。

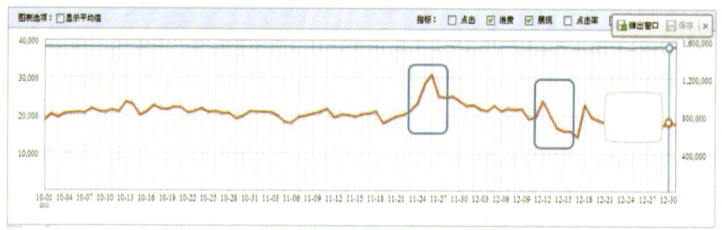

图7-7 某汽车客户投放数据

异常问题的定位与分析

分析步骤:

第一,历史操作记录,如图7-8所示。

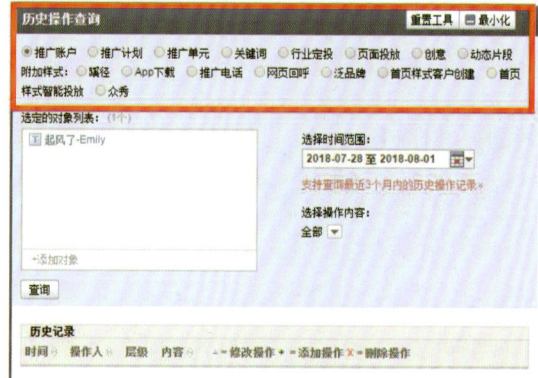

图7-8 历史操作查询

第二，数据异常问题的定位与原因分析。

（1）如果有过历史操作，对可能影响数据波动的操作进行初步判断，再去查看推广报告，对操作的层级进行数据变化的验证。

（2）如果没有历史操作，通过分层次查看数据，圈定波动范围，分析波动原因。

可能的波动原因有如下几种：

① 广告位置的变动：质量度变化；

　　　　　　　　竞争环境的变化；

　　　　　　　　平台的变动。

② 搜索词报告：匹配关键词的变化。

③ 检索量的变化。

案例：某游戏客户未做任何操作，但是12月1日至10日的账户消费下降50%。

（1）查看各计划消费，如图7-9所示。

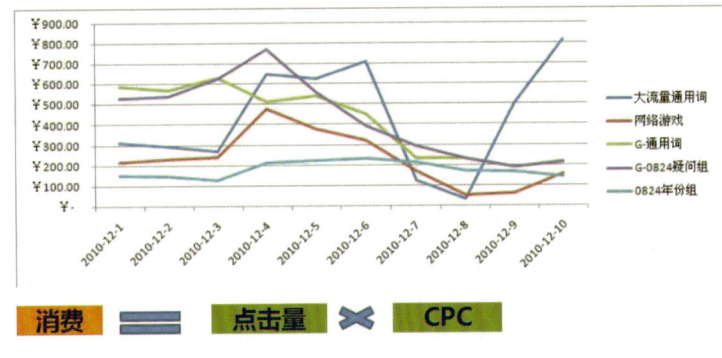

图7-9　各计划消费

（2）影响消费的因素：点击量、CPC，如图7-10所示。

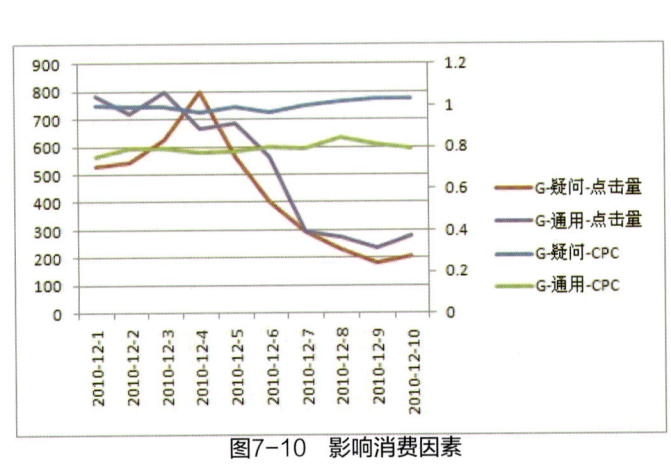

图7-10　影响消费因素

（3）影响点击量的因素：点击率，展现量，如图7-11所示。

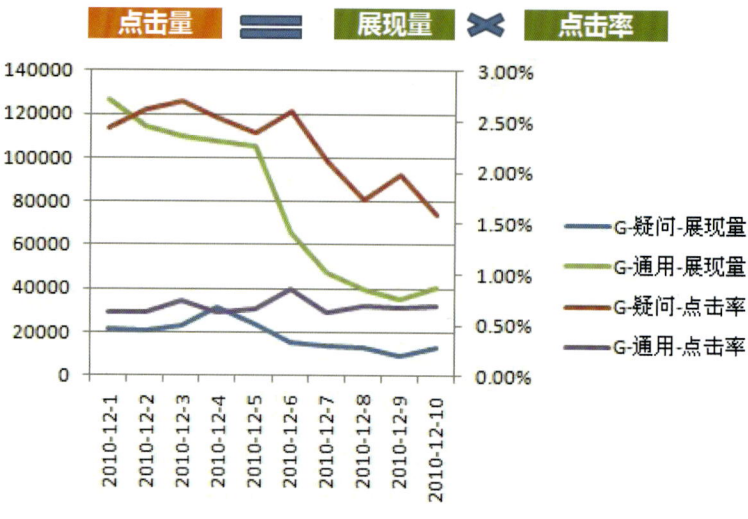

图7-11　影响点击量因素

（4）G-单元类的关键词为亚运活动相关，而通过百度指数发现亚运相关信息用户关注度明显下降，如图7-12所示。

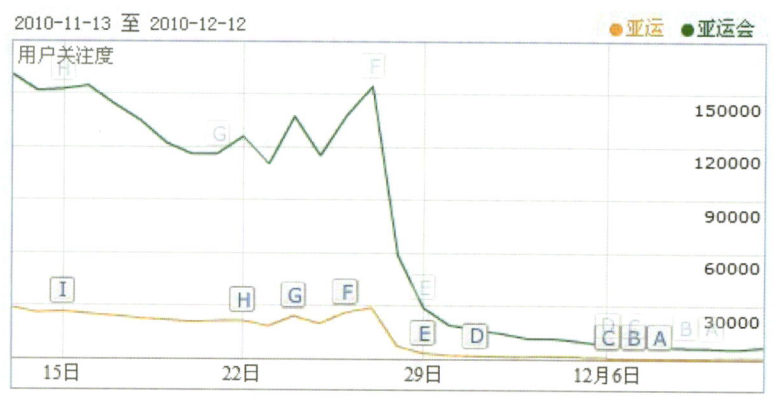

图7-12　亚运信息关注度

匹配模式扩展与关键词拓展

（1）基于效果调整，筛选效果好的关键词，进行关键词拓展及匹配模式范围变宽，以拓展更多优质的关键词；

（2）及时获取搜索词报告，拓展相关性高的优质关键词；

（3）关注季节投放及网民热点，把握相关性高的热点关键词。

某汽车客户抓住车展时期投放，获得大量曝光及流量，如图7-13所示。

图7-13 某汽车客户用户关注度提升

7.1.6 账户管理——日常管理

日常管理——周报和月报

周报样例1,如图7-14所示。

计划	关键指标	1 Aug - 5	6 Aug - 12	13 Aug - 19	20 Aug - 26	环比变化	总计
		Country Campaign - Laser AIO & MFP					
Country Campaign - Laser AIO & MFP	Clicks	481	1,189	1,691	1,625	-4	4,986
	Cost RMB	442	1,483	1,790	1,697	-5	5,412
	Cost USD	57	193	233	220	-5	703
	Ave CPC	0.92	1.25	1.06	1.04	-1	1.09
	Ave CPC	0.12	0.16	0.14	0.14	-1	0.14
		AP Campaign - CustomerCare					
AP Campaign - CustomerCare	Clicks	1,904	2,411	2,343	1,345	-43	8,003
	Cost RMB	1,234	1,529	1,492	859	-42	5,113
	Cost USD	160	199	194	112	-42	664
	Ave CPC	0.65	0.63	0.64	0.64	0	0.64
	Ave CPC	0.08	0.08	0.08	0.08	0	0.08
		*AP Campaign - HP Urgent Manifesto					
*AP Campaign - HP Urgent Manifesto	Clicks		4	1		-75	5
	Cost RMB		3	1		-75	4
	Cost USD	0	0	0	0	-75	1
	Ave CPC	#DIV/0!	0.82	0.82	#DIV/0!	0	0.82
	Ave CPC	#DIV/0!	0.11	0.11	#DIV/0!	0	0.11
		Campaign Overall Summary					
Campaign Overall Summary	Clicks	8,910	16,923	17,219	14,607	-15	57,659
	Cost RMB	10,985	16,795	16,159	14,690	-9	58,629
	Cost USD	1,427	2,181	2,099	1,908	-9	7,614
	Ave CPC	1.23	0.99	0.94	1.01	7	1.02
	Ave CPC	0.16	0.13	0.12	0.13	7	0.13

图7-14 周报样例1

周报样例2，如图7-15所示。

时段	第1周	第2周	第3周	第4周
平均点击价格				
总费用				
点击				
注册				
活跃用户				
CPA				
注册/点击比				
活跃用户/注册比				

图7-15　周报样例2

EIGHTH
08

第8章
搜索引擎营销效果评估及优化

※ 搜索引擎营销效果评估
※ 账户内容优化

搜索营销

8.1 搜索引擎营销效果评估

效果优化前监测评估指标的必要性，如图8-1所示为效果优化前监测评估指标。

图8-1 效果优化前监测评估指标

8.1.1 评估指标的含义及计算关系

评估数据指标的来源

（1）推广—推广效果监测，如图8-2所示。

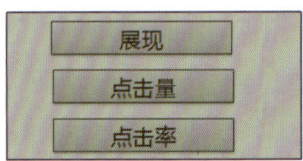

图8-2 推广效果监测指标

（2）网站—网站效果监测，如图8-3所示。

图8-3 网站效果监测指标

使用监控分析工具，全面反映广告、网站的统计数据。

（3）客户—在线&离线效果监测，如图8-4所示。

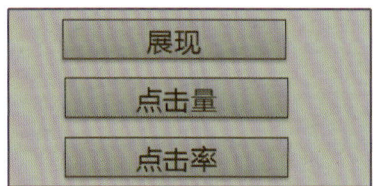

图8-4　在线&离线效果监测指标

搜索引擎营销效果评估指标全图，如图8-5所示。

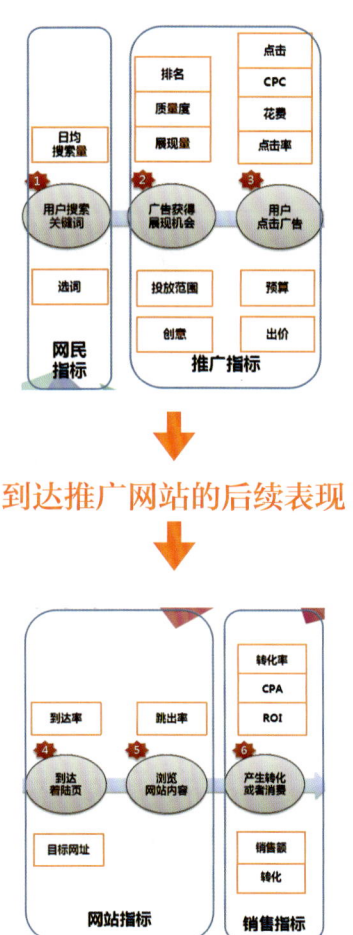

图8-5　搜索引擎营销效果评估指标全图

漏斗模型中的数据指标，如图8-6所示。

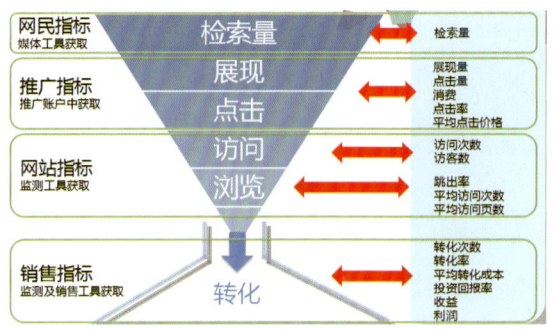

图8-6 漏斗模型中的数据指标

企业主应重点监测的网站指标,如图8-7所示。

跳出率:只访问了一个页面就离开的比例;

深度:指客户浏览目标网站的层级数;

黏度:指在单位时间内客户平均浏览的页面数。

图8-7 网站监测指标

浏览量高只说明网站获得的流量高,而低跳出率\高黏度\高深度才是流量质量高的评判标准。

案例练习1

练习内容:请从以下众多渠道中识别出后期网站指标表现较好的渠道,如图8-8所示。

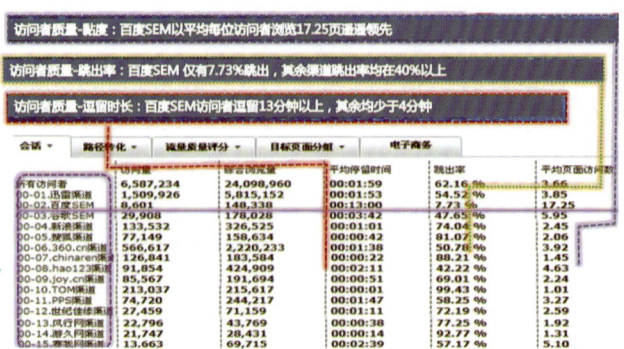

图8-8 案例练习

主要指标意义，如图8-9所示。

数据内容	含义	对客户的意义
消费量	广告被点击产生的消费	花了多少钱？
点击量	广告被网民点击的次数	带来多少网民点击？
平均点击价格	每次点击的成本（消费量/点击量）	每次点击的成本？
展现量	广告被展现给网民的次数	多少人看到广告？
点击率	广告被点击的比率（点击量/展现量）	广告的吸引力？
千次展现消费	每千次展现的成本（消费/展现量×1000）	展现的成本？
平均排名	广告展示在页面中的平均位次	广告排在哪里？
转化	指客户完成一次您期望的行动	广告效果如何？

图8-9　主要指标含义

各主要指标关系，如图8-10所示。

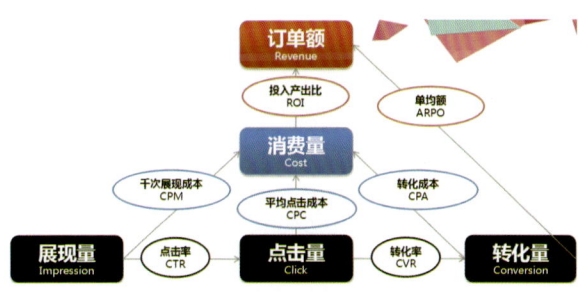

图8-10　主要指标关系

图中每一个指向关系都有第一项数据指标乘以过程数据指标等于结果数据指标这样的计算关系：展现量*点击率=点击量。

案例练习2

练习内容：学会对指标的计算；

练习目的：熟悉重点常用指标的意义和计算公式；

练习形式：线下练习。

（1）某网站以1天内1个独立用户(UV)访问页面数达到10为一次有效的转化；某一个关键词1天内点击次数600次；只访问1次网站的UV350个，且有100个UV访问页面数达到10；访问网站2次的UV共200个，其中有150个UV每次访问网站的页面数为4，其余的UV每次访问网站页面数为6；请问该关键词为其网站带来的转化率是多少？

（2）某培训机构如何衡量网站流量指标？

以下关键词表现好坏，请排序，如图8-11所示。

关键词	点击数	PV	首页×20%	Blog×5%	课程介绍×65%	新闻×10%
A	100	800	100	500	50	150
B	20	200	30	20	50	100
C	40	240	40	35	140	25

图8-11 案例练习

排序结果如图8-12所示。

关键词	点击数	PV	首页×20%	Blog×5%	课程介绍×65%	新闻×10%	分值
A	100	800	100	500	50	150	92.5
B	20	200	30	20	50	100	49.5
C	40	240	40	35	140	25	103.25

图8-12 排序结果

8.1.2 指标数据的趋势分析

不考虑后期转化时，至少两组数据需要进行对比观察：

总点击和总消费；

点击率和点击价格。

这些数据在统计报告中可以看到，可以以周为单位进行对比，或是根据需要设置特定的时间段来观测重点营销事件的表现。

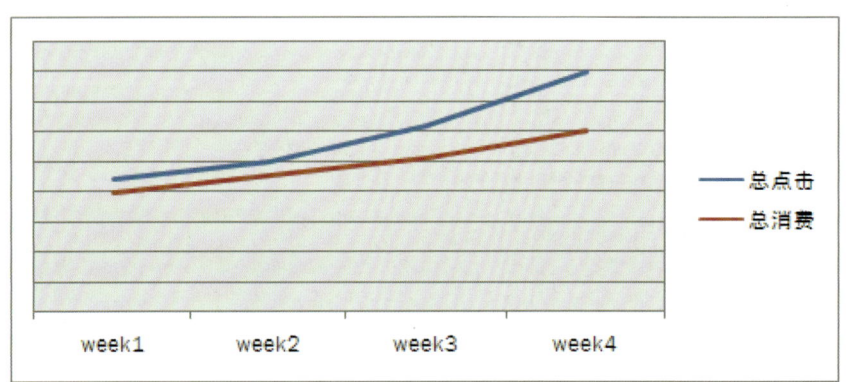

图8-13 总点击和总消费

优化方向为：总点击不断升高，通常总消费也会随之升高。

备注：最佳状态为总消费的升高幅度小于总点击的升高幅度，如图8-13所示。

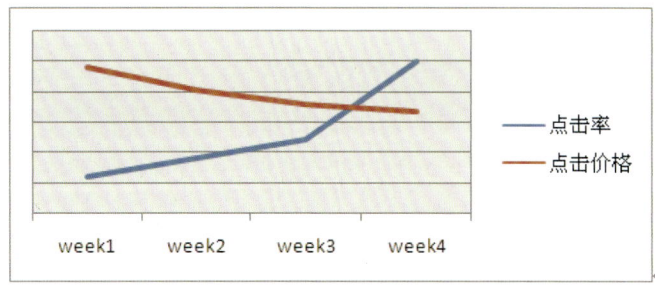

图8-14　点击率和点击价格

优化方向为：点击率升高，点击价格持平或下降，如图8-14所示。可将上线后数据按日或周进行趋势分析，查看波峰波谷出现的原因，如图8-15和图8-16所示。

图8-15　优化后消费、点击、展现提升

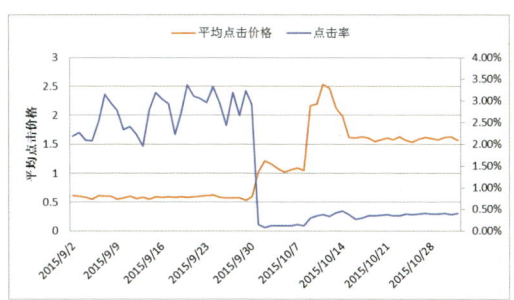

图8-16　点击率和平均点击价格变化情况

指标数据交叉分析，如表8-1所示。

表8-1　指标数据

企业主分类	推广价值	价值指标	推广成本	成本指标
品牌诉求类	广告的曝光	IMP	消费量	Cost CPM
	用户对广告的点击	Click	消费量	Cost CPC
效果诉求类	订单	CONV	消费量	Cost CPA
	页面浏览	PV		
	独立访客	UV		
	注册	Register…		
	订单额	Revenue	消费量	Cost

1. 品牌类客户

按CPC和CTR对关键词进行两个维度4象限分类。

2. 效果类客户

（1）按有无转化分类。

　　a. 有转化的按CPA和转化量进行两个维度分类；

　　b. 无转化的以消费和点击量为划分标尺进行。

（2）维度分类。

（3）在各分类内筛选主要贡献者。

（4）分析每个贡献者对重要矛盾的因果关系，制定解决方案。

品牌诉求类分析

对比方式一：CTR和CPC两个维度对关键词进行分割，如图8-17所示。

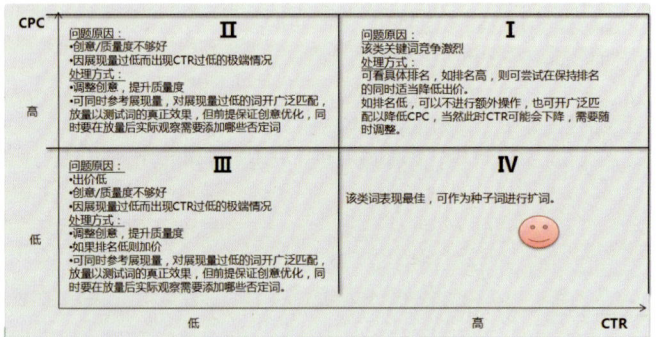

图8-17　CTR和CPC维度分析

品牌诉求类实例

按照消费占比分配优化的优先级，如图8-18所示。

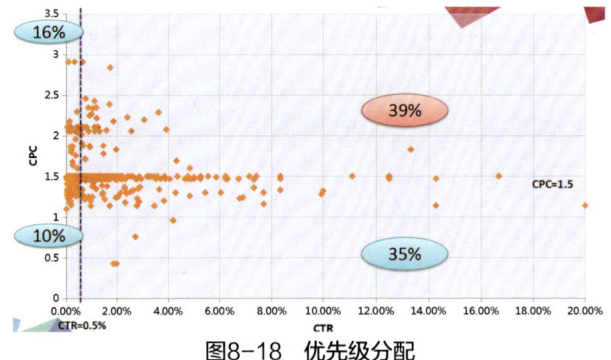

图8-18　优先级分配

效果类广告主关键词数据指标分析模型，如图8-19和图8-20所示。

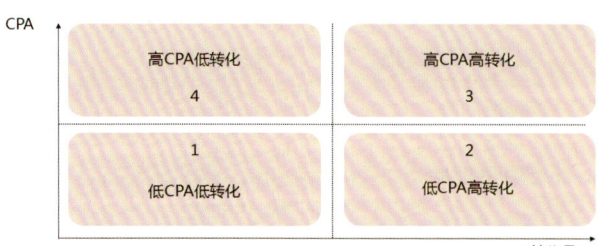

图8-19　效果类广告主关键词数据指标分析模型

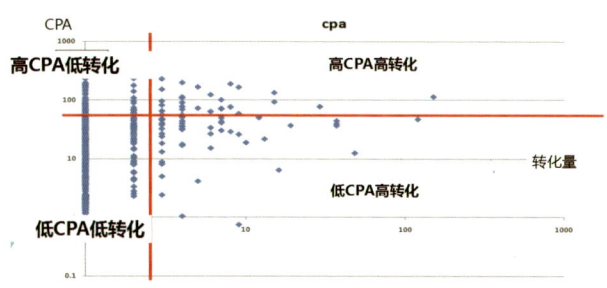

图8-20　效果类广告主关键词数据指标分析模型

效果类广告主关键词数据指标分析模型-发展策略，如图8-21所示。

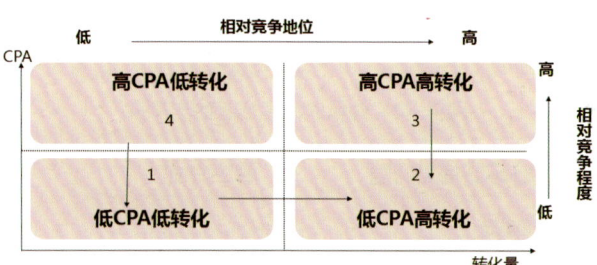

图8-21　效果类广告主关键词发展策略

以上策略仅是参考。实际上，无论哪种策略，我们的目标是要朝"低CPA高转化"转变。营销漏斗各层级数据分析，如图8-22所示。

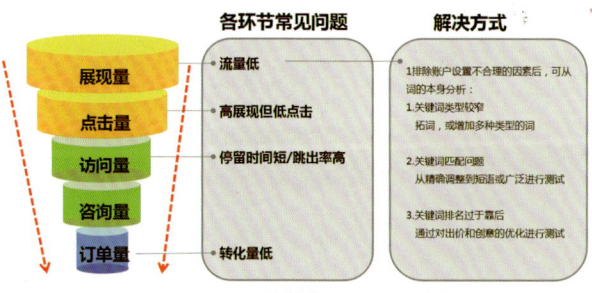

图8-22　营销漏斗各层级数据分析

企业广告信息高展现、低点击等问题如何分析解决？如图8-23、图8-24和图8-25所示。

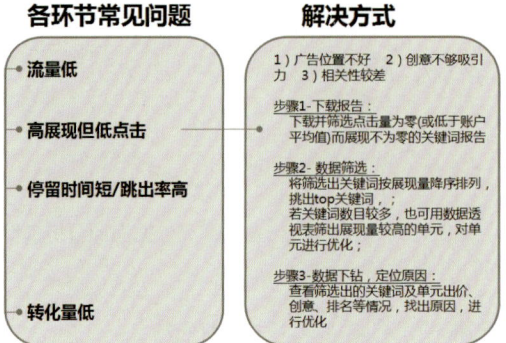

图8-23 高展现、低点击

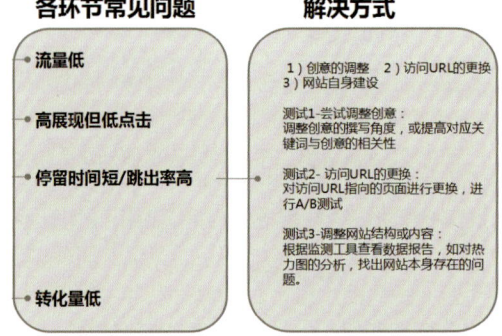

图8-24 停留时间短或者跳出率高

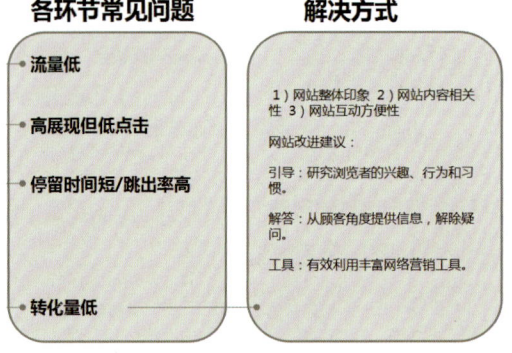

图8-25 转化量低

8.2 账户内容优化

查看账户结构及设置合理性，如表8-2所示。

表8-2　账户设置合理性

观察指标		判断标准	方法
账户结构		是否清晰	确保各推广单元的创意和关键词匹配；意义相近、结构相同的关键词放在同一个推广单元里
关键词是否达到预期KPI		是/否	区分好词、坏词，分别对待
创意撰写			
展现模式		是否放入技巧、通配符，断句是否通顺，是否有吸引力，展现模式是否合理	飘红、相关、通顺、吸引力
优显或轮显			
账户设置	时段	是/否	在线时段跟网民分时检索趋势对比
	地域	是/否	对于地域性强的产品必须设置，否则不应该设置地域限制
	否定匹配	是/否	通过搜索词报告，找出和产品不相关的词，设置否定匹配

8.2.1　优化账户结构

清晰的账户结构有助于提升质量度，并且更便于管理和后期分析优化，在这里我们列出在进行账户设置时的注意事项。

账户结构设置通用技巧如下。

(1) 确定推广单元与关键词的主题唯一性。

主题唯一指的就是个推广单元内的所有关键词，在词义上都是紧紧围绕着主题的，在词的结构上都是相同或相近的。

这样做的好处主要有两点：一是逻辑性非常强，便于后期账户的管理操作，可以很快地找到相关关键词在账户中的位置，得到相关的数据；二是能够针对一个主题去撰写具有针对性的创意。

(2) 每个推广单元最好保持15~30的关键词数量。

这个建议不是绝对的，它针对一些小型账户建议，一些比较大型复杂的账户未必适合。

关键词越少越便于管理和优化，这里的优化主要指的是针对创意的撰写，保持相对合理的关键词数量，更加便于创意的针对性撰写。

(3) 将高流量、高消费、高转化关键词单独划分。

这是很关键的一点，要把账户内高流量、高消费、高转化的词单独划分、单独考核，把这些词再精细化管理，让它们有更加好的表现。这样做的好处是，在后期优化的过程中可以有的放矢，把精力放在重点关键词上；同时，还便于对这些重点关键词在推广预算及推广时间上的把控。

未进行细分之前的推广单元内包含英语培训、英语班、留学英语、出国英语4个关键词，搜索"英语培训"的企业不一定只是为了出国留学。因此，对于上面这条创意，显然不会引起所有目标客户的关注；而下面细分单元后触发的创意，吸引力就强了很多。

因此，细分单元有利于编辑针对性强的创意，更有利于吸引目标受众，从而获得更多有效点击，提升转化。专业的推广账户结构，如图8-26所示。

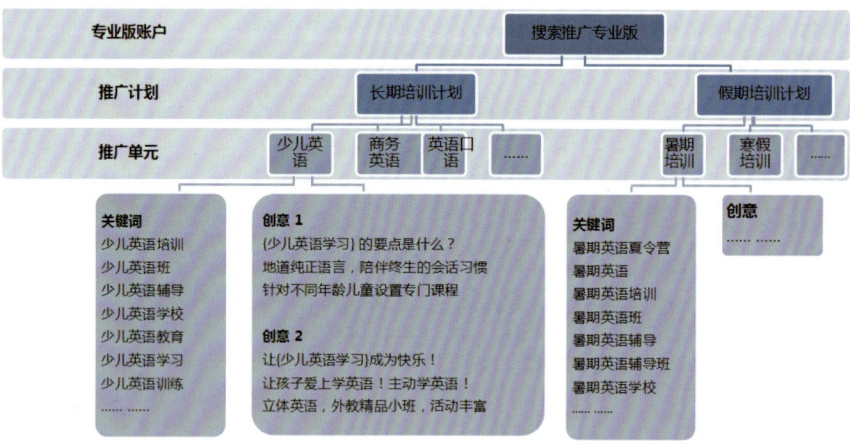

图8-26　专业账户结构

经常问自己：如果是我用这样的搜索词进行搜索，然后看到触发了不相关的创意，我会去点击它吗？如果答案是否定的，我们就需要将单元更加细化。如图8-27所示。

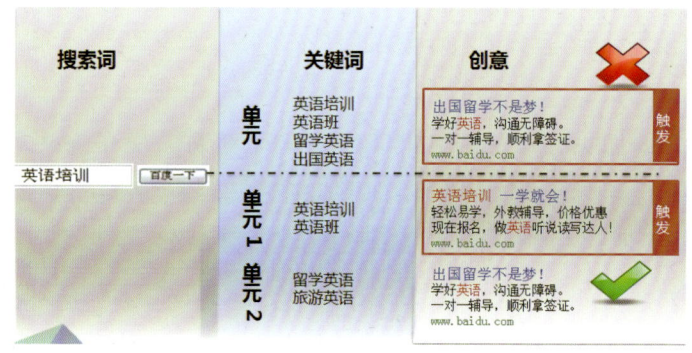

图8-27　细化单元

8.2.2 优化关键词

关键词是否达到KPI，四步优化关键词，如图8-28所示。

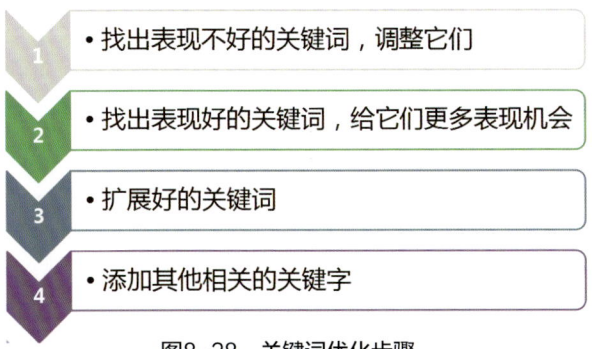

图8-28　关键词优化步骤

找出表现不好的关键词

表现不好的关键词具备的"素质"：

始终没有展现（不包括因出价过低而造成的无展现）

—>检查其匹配模式，建议初期设置广泛匹配，让其有更多的展现机会；

—>检查其词本身是否过于长尾、无人搜索，建议提取核心词汇进行选取。

对于安装了监测软件的客户，还可从以下两个方面进行筛选：

消费非常多但没有转化，点击价格很高但没有转化

—>将它们放在一个新的推广单元中，给它们一个适当的出价，以便其他表现好的推广单元能够设置更高的出价。

找出表现好的关键词

表现好的关键词具备的"素质"：

平均点击价格较为合理。

对于安装了监测软件的客户，还可从以下两个方面进行筛选：

合理的平均转化费用就能得到大量转化；

得到很多有效点击。

确保这些词在更加细分的推广单元中，并拥有更好的创意，保持它们的排名靠前，不要限制它们的预算。

如果关键词"建材"表现非常好，一定要增加更多同类关键词，如图8-29所示。

搜索营销

关键词
- 中国建材 [NEW]
- 家装建材 [NEW]
- 建材知识 [NEW]
- 装修建材 [NEW]
- 建材促销 [NEW]
- 建材超市 [NEW]
- 建材销售 [NEW]
- 便宜建材 [NEW]
- 权威性建材团购网 [NEW]
- 建材网 [NEW]

图8-29　建材类关键词

将这些关键词细分到推广单元中，并在上线之后观察它们的表现，随时进行调整。从同义词、近义词、加地域的词等方面来扩充关键词，可借助"搜索词报告"帮您进行此项工作，如图8-30所示。

图8-30　借助搜索词报告拓词

8.2.3 优化创意

创意优化，如表8-3所示。

表8-3 创意优化合理性

现象	实际原因	解决方法
不飘红	未嵌入通配符	撰写新创意并嵌入通配符
	关键词超长未嵌入	转移关键词至新单元并撰写新创意
		默认通配符为单元内字长最长的关键词
不通顺	通配符简单重复	原单元新增通顺的创意
	单元划分不合理	将关键词按词的"结构相同，意义相近"的原则重新划分单元
		撰写通顺的创意
不相关	创意撰写人员未意识到	转移关键词至新单元并撰写新创意
	单元划分不合理	将关键词按词的"结构相同，意义相近"的原则重新划分单元
		撰写围绕单元关键词的创意
不吸引人	创意内容不吸引人	创意突出商家独特的卖点，例如：免费，5折优惠等
	创意形式不吸引人	运用多种方法，尝试更多未知优化方法

创意优化问题之不飘红如表8-4所示。

表8-4 飘红优化

关键词	优化前	优化后
英语培训	xxx官方网站，详情请登录咨询！外语培训学校2011招生简章，xxx怎么样？xxx学费多少	xxx{英语培训}官网，在线咨询！{英语培训}学校，xxx2011招生简章，{英语培训}怎么样？{英语培训}学费多少

创意优化问题之不通顺，如表8-5和表8-6所示。

表8-5 创意不通顺

	单元关键词	展现创意
搭配不当	英语四级 英语六级 英语培训 培训英语	{英语培训}培训，十年专业，为您铸就。xxx{英语培训}，成绩提高的秘密武器。选择xxx{英语培训}培训，成绩提高看得见

表8-6 创意通顺优化

单元名	单元关键词	优化后创意
英语等级	英语四级 英语六级	{英语四级}培训，十年专业，为您铸就。xxx{英语四级}培训，成绩提高的秘密武器。选择xxx{英语四级}培训，成绩提高看得见
英语+后缀	英语培训	{英语培训}，十年专业，为您铸就。xxx{英语培训}，成绩提高的秘密武器。选择xxx{英语培训}，成绩提高看得见
前缀+英语	培训英语	{英语培训}，十年专业，为您铸就。xxx{英语培训}，成绩提高的秘密武器。选择xxx{英语培训}，成绩提高看得见

创意优化问题之不相关，如表8-7和表8-8所示。

表8-7 创意不相关

单元	关键词	创意	问题
英语班	英语外教班	{英语外教班}帮你成就流利口语。北京{英语外教班}，快来xxx英语培训机构，独创10大英语学习模式，帮助上万学员成就流利口语梦想	单元内某一关键词是"外教"类，创意围绕其他词"口语"类。虽然通顺，但相关性不强
	口语班		
	口语培训班		

表8-8 创意相关性优化

单元	关键词	创意	点评
口语班	口语班 口语培训班	{口语班}帮你成就流利口语 北京{口语班}，快来xxx英语培训机构，独创10大英语学习模式，帮助上万学员成就流利口语梦想	原创意与关键词相关
外教班	英语外教班	{英语外教班}100%纯正英语环境。北京{英语外教班}，快选xxx外教英语，资深外籍教师，纯正英语，教学经验丰富，一周免费试听外教课	创意围绕"外教"来强调培训优势和效果。相关度高

创意优化问题之不吸引人，如表8-9所示。

表8-9 创意吸引

关键词	创意（优化前）	创意（优化后）	点评
口语学习班	{口语学习班}帮你成就流利口语。北京{口语学习班}，快来xxx英语培训机构，独创10大英语学习模式，帮助上万学员成就流利口语梦想	xxx{口语学习班}一周免费试听中！资深外教100%英文环境，专业{口语学习班}，5~6人小班授课，充足练习机会，明亮教室，纯正外语，让您享受您的课程。魏公村地址，交通便利	形式创新：数字，标点符号组合：100%，5~6。 内容创新：一周免费，全外教

创意撰写方法：

（1）符合相关标准：合法性、字符长度、特殊标点等；

（2）插入通配符，提高广告飘红的概率；

（3）突出产品服务优势，强调提供的产品或服务的优势、独特性、专业性；

（4）围绕单元主题撰写，突出检索词和实际业务之间的关系；

（5）言简意赅，语言简明精炼，表达最有用的信息。

飘红：当创意文字包含的词语与用户搜索词包含的词语完全一致或意义相近时，在展现时将以红色字体显示，这样的样式称为飘红。

通配符："{}"，在"{}"中填写默认关键词。包含通配符的创意在展现时，将以被触发创意展现的关键词替代通配符。用商户购买关键词替代通配符后，如果因标题或描述超长导致创意无法展现，则将用默认关键字。

有效插入通配符包括两点。

（1）在创意中将最长的关键词插入：完整展现，如图8-31所示。

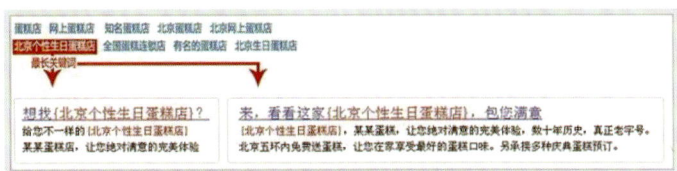

图8-31　插入最长关键词

（2）插入词读一遍保证通顺：创意通顺，如图8-32所示。

图8-32　保证创意通顺

关键词出现在不同地方，有不同的效果。

吸引力排名如下：标题＋网页描述＞标题＞网页描述＞不出现关键词。

合理的创意优化的结果，如图8-33所示。

图8-33　合理优化创意结果展示

更高的质量度,更低的出价,得到更好的排名(综合排名=出价*质量度)。

创意优化的思路,如图8-34所示。

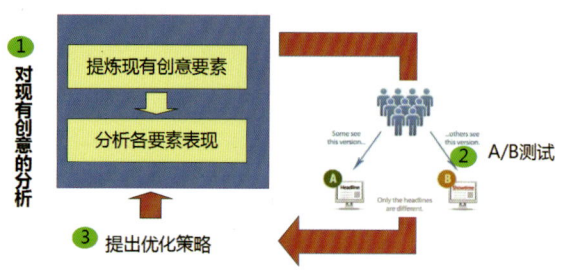

图8-34　分析现有创意

案例——步骤1,广告要素提取,如图8-35所示。

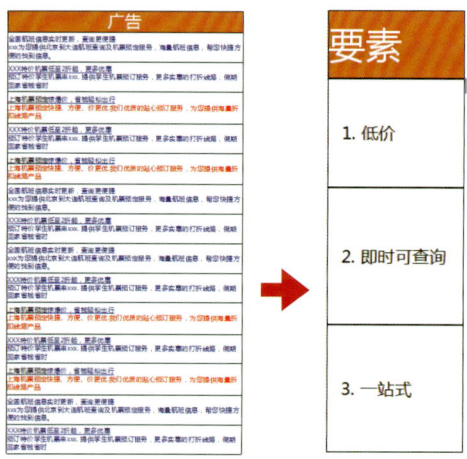

图8-35　提取广告要素

案例——步骤2,广告要素测试方案,如表8-10所示。

表8-10　广告要素测试

要素1	要素2	要素3	广告
低价	即时可查询		全国航班信息实时更新,查询更便捷 xxx为您提供航班查询及机票预订服务,海量航班信息,超低折扣,帮您快捷方便地找到信息
低价		一站式	xxx特价机票低至2折起,更多优惠 预订特价机票来xxx。提供机票、酒店一站式预订服务
	即时可查询	一站式	全国机票实时更新,一站式预订服务 xxx提供全国航班查询。我们为您提供机票、酒店、租车一站式服务

案例——步骤3，广告测试并提取数据，如表8-11所示。

表8-11 广告测试数据提取

广告	总展现	总点击	总CTR
全国航班信息实时更新，查询更便捷 xxx为您提供航班查询及机票预订服务，海量航班信息，超低折扣,帮您快捷方便地找到信息	6255	173	2.77%
xxx特价机票低至2折起，更多优惠 预订特价机票来xxx。提供机票、酒店一站式预订服务	6660	294	4.41%
全国机票实时更新，一站式预订服务 xxx提供全国航班查询。我们为您提供机票、酒店、租车一站式服务	6718	207	3.08%

案例——步骤4，广告要素数据透视分析，如表8-12和表8-13所示。

表8-12 广告要素数据透视分析

广告	要素1	要素2	要素3	总展现	总点击	总CTR
全国航班信息实时更新，查询更便捷 xxx为您提供航班查询及机票预订服务，海量航班信息，超低折扣,帮您快捷方便地找到信息	低价	即时可查询		6255	173	2.77%
xxx特价机票低至2折起，更多优惠 预订特价机票来xxx。提供机票、酒店一站式预订服务	低价		一站式	6660	294	4.41%
全国机票实时更新，一站式预订服务 xxx提供全国航班查询。我们为您提供机票、酒店、租车一站式服务		即时可查询	一站式	6718	207	3.08%

表8-13 广告要素数据透视分析

包含要素	展现	点击	CTR
1. 低价	12,915	467	3.62%
2. 即时可查询	12,973	380	2.93%
3. 一站式	13,378	501	3.74%

广告创意的A/B测试：同一系列的同一分组中同时投放广告词A与广告词B，两则广告轮流展示（even rotation），那这两则广告的展现概率是大致相当的。

A/B测试本质上是可控实验，需要有明确的设置的要求,并制定可行的方案,同时有方法来分析A/B测试的结果，如图8-36所示。

如果我们想针对SEM管理中的某个因素优化，就必须保持其他因素恒定以过滤掉可能的干扰。

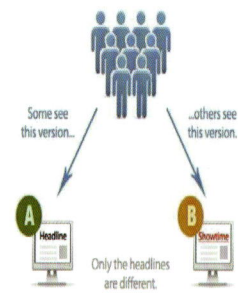

图8-36　A词和B词分析

A/B测试的逻辑

A/B测试内容不局限于广告词，可以是着陆页面，可以是URL。测试也不需要局限于一个分组内，可以是系列，可以是目标市场，可以是转化路径，如图8-37所示，A词和B词加入创意。

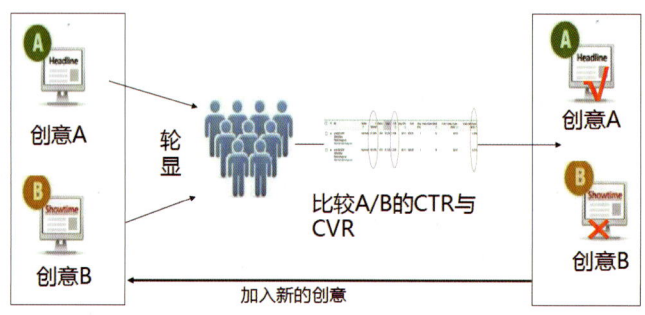

图8-37　A词和B词加入创意

8.2.4　优化账户设置小结

费用优化方面：每日预算、统一出价或出价。

时间优化方面：普通暂停、时段暂停。

地域优化方面：分地域投放设置。

创意展示优化概率：优选或轮替。

其他方面：IP排除、否定关键词。

设置功能的目标是帮助客户提升投资回报比。

费用方面的设置常用于小预算的客户。

时间方面的设置常用于依靠电话营销的客户。

地域方面&其他方面的设置常用于精确定位潜在受众。

创意展示概率常用于帮助提升点击率。

第9章
移动搜索推广概论

NINTH
09

※ 移动搜索推广
※ 移动搜索推广全过程
※ 案例分享

搜索营销

9.1 移动搜索推广

移动时代的商机，如图9-1所示，中国手机网民的规模逐渐升高。截至2013年6月，中国手机网民规模4.64亿，占整体网民的78.5%。手机成为我国网民的第一大上网终端。

图9-1 中国手机网民规模

手机搜索用户数达3.24亿，使用率为69.9%，手机搜索成为移动互联网的核心应用。如图9-2所示，移动搜索推广成为下一个营销战场。

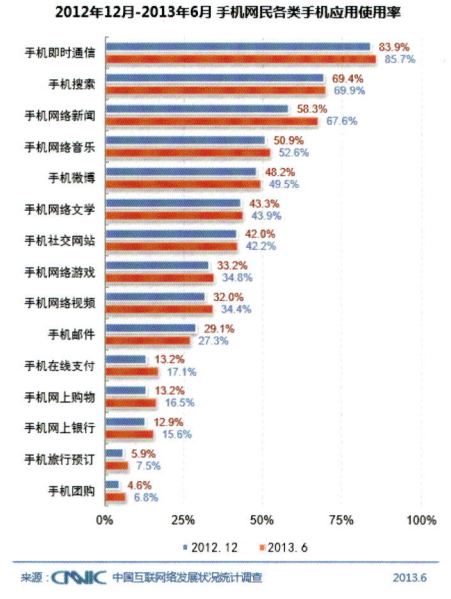

图9-2 手机网民各类手机应用使用情况

百度移动搜索成为移动网民的首选,每日响应数亿次来自手机的搜索需求。如图9-3所示。

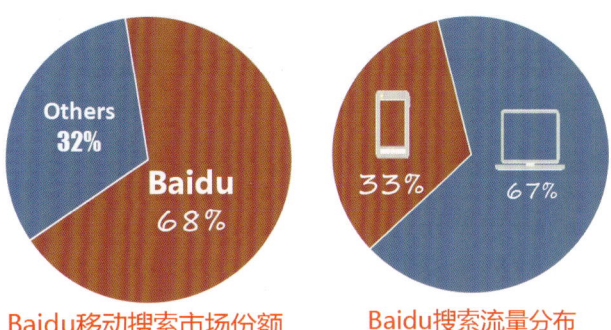

图9-3　百度搜索流量分布

移动搜索推广是百度搜索推广管理平台的功能升级,客户可以在该平台上进行相关设置,满足其在移动设备上的推广需求。如图9-4所示。

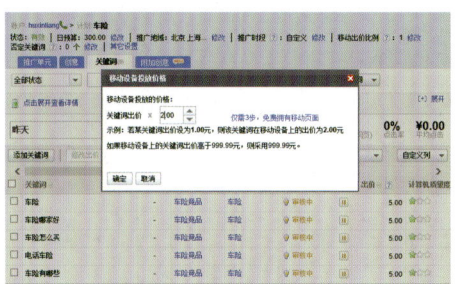

图9-4　移动设备出价

如图9-5所示,搜索"幼儿英语"在手机端展示的结果。

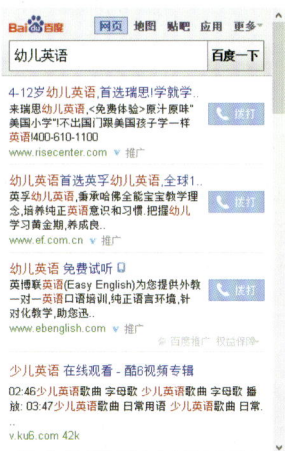

图9-5　移动搜索"幼儿英语"

移动搜索带来全新的移动优质流量,如图9-6所示。

图9-6 移动流量

移动搜索与PC（计算机）推广形成有效的互补，如图9-7所示。

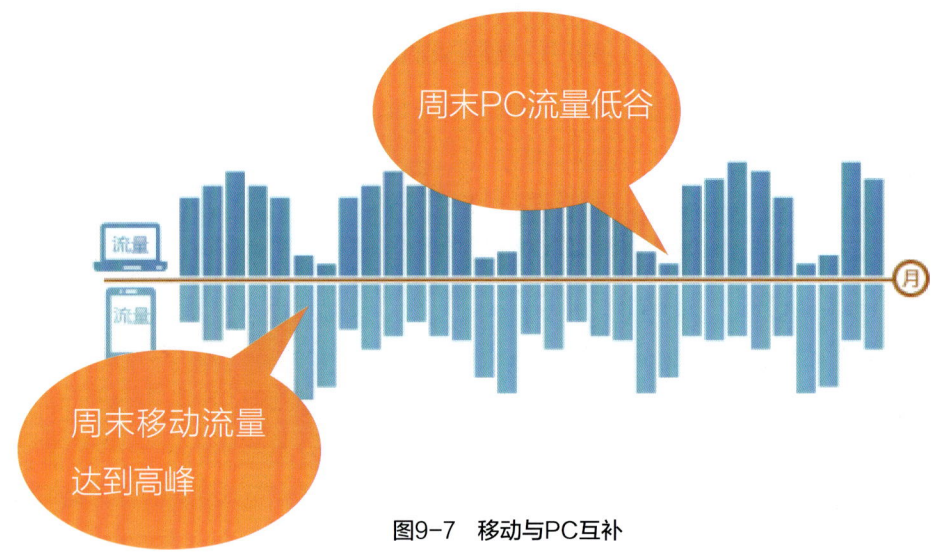

图9-7 移动与PC互补

周末、晚9：00后PC推广都无法为您提供更充足的流量，而此时网民都从PC转移到了手机上。

整合型系统将为您带来全新的移动流量，对PC流量疲软时期进行补充，全天候无时无刻不在营销，如图9-8所示。

图9-8 即搜即用

移动搜索+PC转化，跨终端全媒体营销

移动搜索后，继续搜索的网民，30%的可能去PC继续搜索；进入网站了解详情的网民，28%的将会在PC中打开；直接下订单的网民，15%的可能在PC上下单；口碑相传的网民，13%的可能会在PC上完成。如图9-9所示。

图9-9　移动搜索后网民行为

跨终端转化的行为广泛存在，移动转化价值普遍被低估。

移动终端以其便携的优势使移动搜索将作为线上线下多媒体的黏合剂，成为全媒体共营销的纽带。

整合型搜索推广，如图9-10所示。

计算机搜索推广和移动搜索推广整合型系统为您带来更高的工作效率。

两套URL，同时投放；

质量度，单独查看；

推广实况，同时展现；

创意同时预览。

图9-10　整合型搜索推广

一套物料，多屏投放；统一管理，经济高效。

9.2　移动搜索推广全过程

移动搜索推广全过程，如图9-11所示。

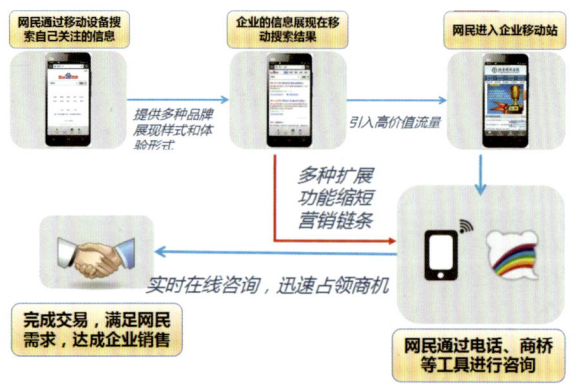

图9-11　移动搜索全过程

9.2.1　移动展现与排序规则

展现

由顶部推广位、中部推广位和底部推广位组成，顶部区域+中部区域+底部区域最多显示5条推广信息。如图9-12所示。

顶部展示　　　　中部展示　　　　底部展示

图9-12　移动搜索展现结果

排序规则

与计算机搜索推广的排序规则一致（出价*质量度），1~3名显示在顶部区域，4~6名显示在底部区域。

由于移动搜索推广较少，建议优化网站、提高质量度、提高出价以获得更多的展现机会。

关键词

移动搜索推广的关键词与计算机搜索推广共用一套关键词，提词时可以使用关键词工具并筛选投放设备为"移动设备"，以便选择更适合移动搜索推广的关键词。如图9-13所示。

图9-13　添加关键词选择移动设备

关键词出价，如图9-14所示。

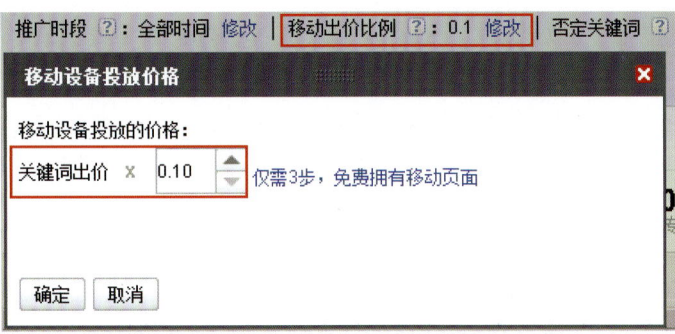

图9-14　设置移动出价

通过设置出价比例来决定移动设备上的出价，关键词移动出价=关键词出价*移动出价比例。在计划层级可调整移动出价比例（设置范围0.10~10.00，最小调整单位为0.01），默认为1。

质量度

移动搜索推广质量度。

质量度是搜索推广中的衡量关键词质量的综合性指标，体现了网民对参与百度推广的关键词以及创意的认可程度，如图9-15所示。

高质量度可能带来更低的出价、更好的排名。

 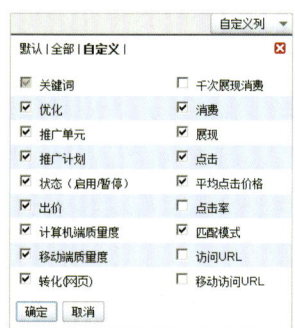

图9-15　移动质量度

移动搜索推广质量度的展现方式。

质量度采用10分制（5颗星），0~10分共11档。

0分词没有展现资格，1分词左侧展现概率极低，2分及以上，分值越高，左侧竞争力越强。

质量度主要影响因素有：关键词点击率（最核心）、关键词与创意相关性、关键词与目标页面的相关性、账户历史表现。如图9-16所示。

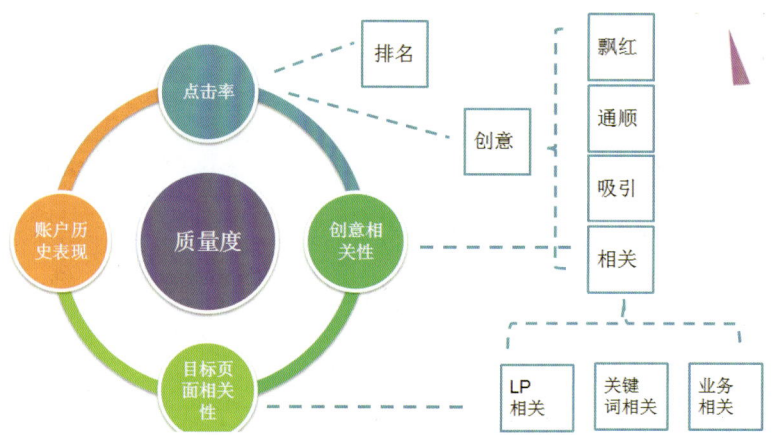

图9-16　移动端质量度的影响因素

移动搜索与计算机搜索推广共用一套创意。（为了保证移动设备完整展现，建议创意标题字符少于32个字符，创意描述字符少于96个字符）

勾选"移动设备优先"后该创意在质量度相同的情况下优先在移动设备上展现。

建议单设移动URL，方便手机网民访问您的移动站。(勾选多个创意，点击"修改移动URL"可以批量添加或修改移动URL）如图9-17所示。

图9-17 移动创意设置

9.2.2 点击与咨询

融入无线特征，完善结果样式，如图9-18和图9-19所示。

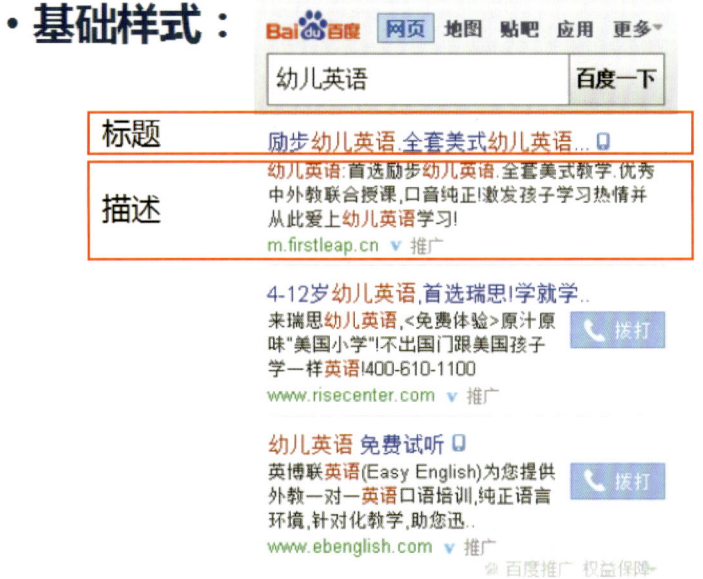

图9-18 基础样式

搜索营销

图9-19 扩展样式

缩短营销路径,促进咨询量和点击量,如图9-20所示为推广电话和商桥移动咨询。

图9-20 推广电话和商桥移动咨询

如图9-21所示,移动搜索App推广和网页回呼。

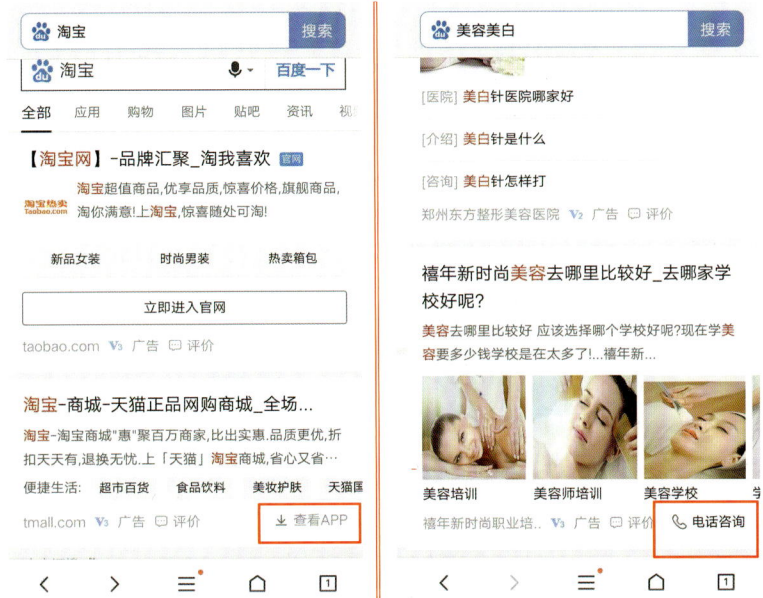

图9-21　App推广和网页回呼

如图9-22所示,无线蹊径展现结果。

图9-22　无线蹊径

鉴于手机平台的通信特性,可以在点击环节直接使用电话、商桥等沟通工具进行咨询,移动搜索App推广、无线蹊径等促进点击。

推广电话

产品介绍：点击按钮，即可拨通客服电话与客户建立快速沟通，转化商机。

产品价值：直接带来电话咨询。

推广电话配置：依次点击"附加创意"-"推广电话"-"新建推广电话"，在"新增推广电话"对话框中，选择要新增至"推广计划"及"推广单元"，"推广电话"处填写个性化的联系电话，按钮展现样式与填写样式完全一致，符号可以写+、-及数字（如+86-1304-2304-304），最后单击"确定"。如图9-23所示。

图9-23　推广电话配置

商桥移动咨询

产品介绍：点击按钮，即出现在线聊天对话框。让手机访客与客户建立快速沟通，转化商机。

产品价值：

（1）直接带来咨询；

（2）增加吸引力。

商桥移动咨询配置：依次点击"附加创意"-"商桥移动咨询"-"新建商桥移动咨询"，在"新增商桥移动咨询"对话框中，选择要新增至的"推广计划"及"推广单元"，单击"确定"。如图9-24所示。

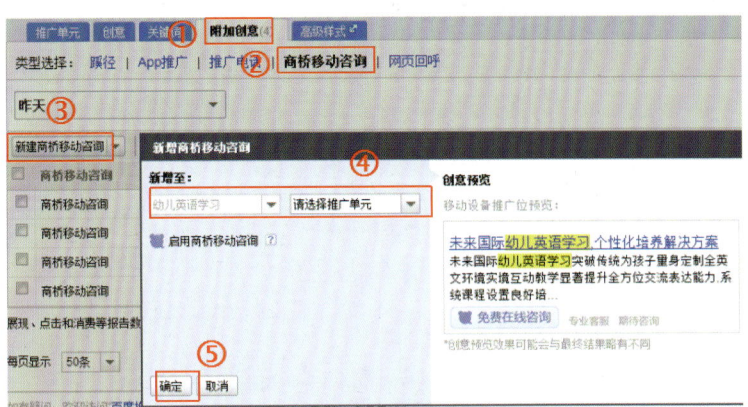

图9-24　商桥移动咨询配置

移动搜索App推广

产品介绍：在搜索结果页上直接显示App下载按钮，网民点击即可完成下载。

产品价值：解决App客户分发困局。

移动搜索App推广配置：配置成App样式的创意，需要包含两部分操作，即"百度应用商店"和"百度搜索推广管理平台"，如图9-25所示。

图9-25　App推广配置

网页回呼

产品介绍：采用展开/收起交互方式，由网民输入电话号码，点击"回电给我"。提交成功后接到离线宝来电，与广告主建立通话，网民接电话免费。

产品价值：可直接提升电话转化量。

网页回呼配置：依次点击"附加创意"-"网页回呼"-"新建网页回呼"，在"新增网页回呼"对话框中，选择要新增至的"推广计划"及"推广单元"，单击"确定"。如图9-26和图

9-27所示。

图9-26 网页回呼

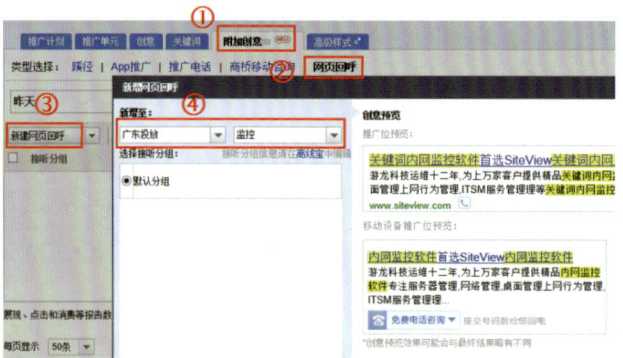

图9-27 网页回呼配置

无线蹊径

产品介绍：可以推广除落地页外更多的页面，使网民直接访问网站上的热门或最新消息；

仅首位展现，CPC计费；

子链条数：1~4条，总长度不超过16个字；

与其他的附加创意互斥，优先级次于电话；

仅高端机炫版展现；

行业资质不限。

产品价值：提高转化率。

无线蹊径配置：依次点击"附加创意"-"蹊径"-"新建蹊径子链"，在"新增蹊径"对话框中，选择要新增至的"推广计划"及"推广单元"，选择"移动蹊径"并编写子链名称和URL。

如图9-28所示。

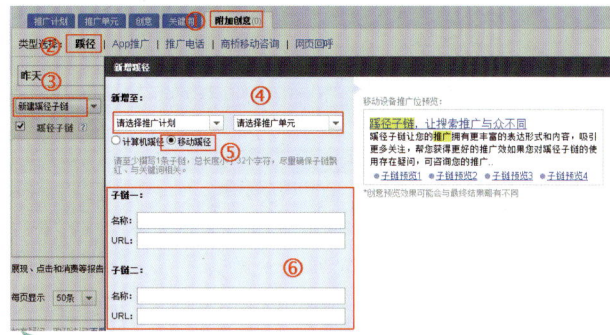

图9-28　无线蹊径配置

计费方式：按点击计费，点击文字链接或按钮均视为点击。

9.2.3　访问与咨询

移动站点

移动站访问相对于PC端页面展示在移动端来说体验更舒适，如图9-29所示。

图9-29　移动站点

移动推广后台设置中这些特殊的配置使网民进入站点后，可以方便地进行电话、短信、在线沟通等咨询方式。如图9-30所示。

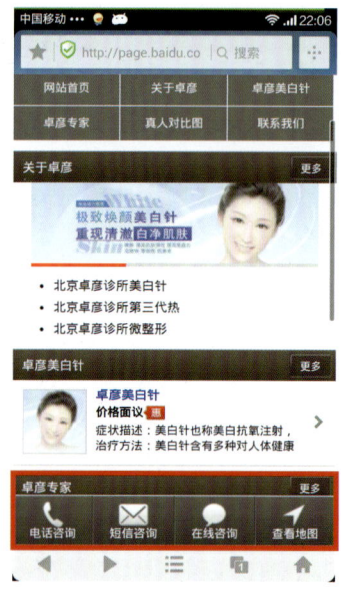

图9-30　移动站点互动方式

自动打开"拨号"功能，并输入电话号码，需要手动拨出。如图9-31所示。

图9-31　移动站点电话咨询

自动进入短信编辑界面，并输入接收短信的手机号，方便网民编辑。如图9-32所示。

图9-32　移动站点短信咨询

进入在线咨询界面，客服与网民即时沟通。如图9-33所示。

图9-33　移动站点在线咨询

在地图上标注公司的地理位置，并且有具体的文字描述。如图9-34所示。

搜索营销

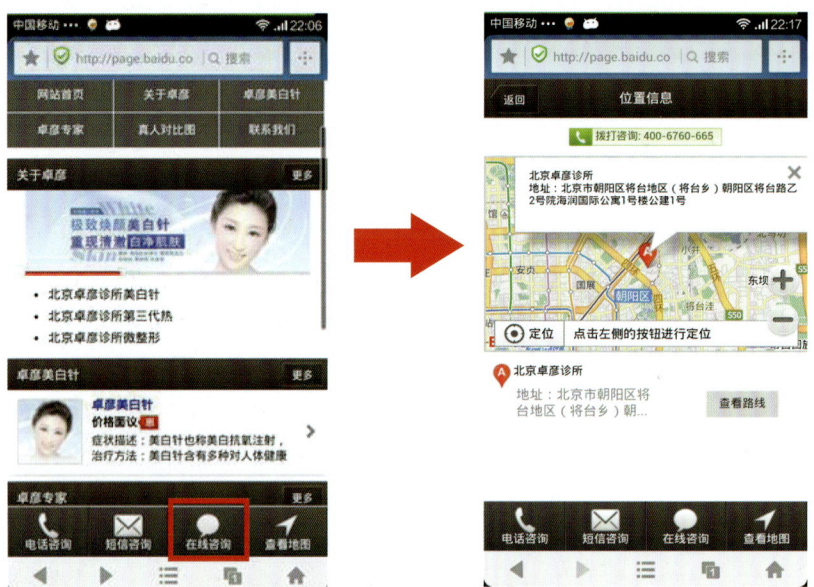

图9-34 移动站点地图查看

9.2.4 转化

一站式效果监控平台，如图9-35所示。

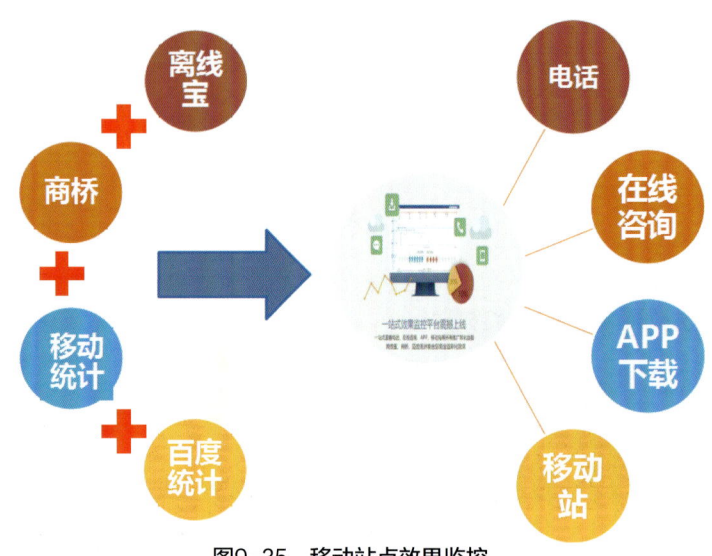

图9-35 移动站点效果监控

选择投放设备，如图9-36所示。

图9-36 移动设备选择

选择数据指标,如图9-37所示。

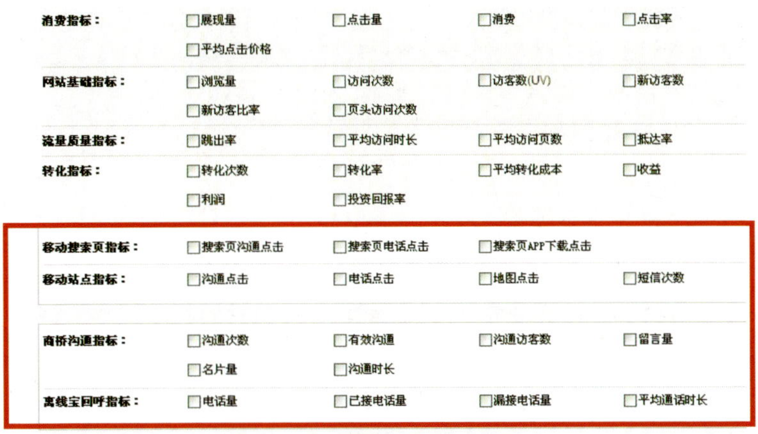

图9-37 移动站点数据指标

电话、回呼、在线咨询、App下载、地图、短信等指标,勾选后可查看相应的转化数据。

查看推广效果,如图9-38所示。

图9-38 site App建立移动站点入口

9.3 案例分享

移动搜索推广案例

企业背景：北京某男科医院；

投放目标：提升咨询量；

投放策略：投放移动推广；

配置推广电话样式；

启用商桥移动咨询；

使用site App建立移动站点。如图9-39所示。

图9-39　site App建立移动站点入口

配置推广电话，如图9-40所示。

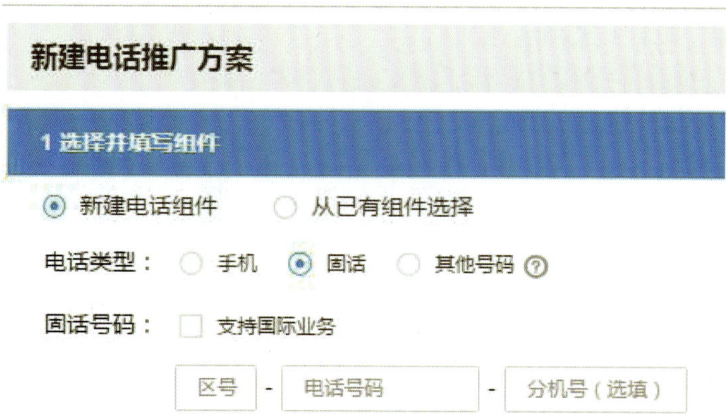

图9-40　配置推广电话

配置移动商桥咨询，如图9-41所示。

图9-41　配置移动商桥咨询

推广结果，如图9-42所示。

图9-42　配置结果展示

搜索营销

投放效果

移动咨询量提升30%；

移动CPA为PC的1/3；

移动CTR为PC的1.75倍；

移动支撑过半的流量。